성공하는 기업의
서비스경영

# 서비스,
# 고객경험을
# 디자인하라

이지연 저

백산출판사

# 머리말

서비스와 함께한 15년이 훌쩍 지났다. 약 15년의 시간들 속에서 나는 서비스에 대해 많은 생각을 했었다. 수많은 교육 속에서도 왜 서비스는 향상되지 않으며 고객만족도는 계속해서 높아지지 않는 것일까? 그리고 고객응대를 하는 직원들은 왜 힘들어해야만 하는 가? 또한 더욱 효율적으로 서비스하며 효과를 높이는 방법은 없을 까? 이러한 고민들로 나는 서비스 관련 책들을 읽으며 사람과 경영 그리고 고객에 대해 이해하게 되었고, 경영과 조직에 대한 지식의 필요성을 느껴 서비스에 대한 연구를 하기 시작했다. 서비스 현장에 서 컨설팅을 하고 접점 직원을 위한 교육을 하면서 또는 CS기획자 로 서비스에 관련된 공부를 하며 시간은 훌쩍 지나갔다. 이제 그동 안의 배움과 깨달음을 정리하여 많은 이들과 공유하고자 하는 바람 을 가지고 책을 집필하게 되었다.

그동안의 활동에서 느낀 점은 서비스란 교육만으로 모든 것이 해결되지 않으며 사람에 대한 깊은 이해와 함께 전략, 인적 구성, 실행, 교육 등이 서로 유기적으로 작동되어야 함을 깨달았다. 바로 서비스경영이 되어야 하는 것이다. 서비스경영이 이루어졌을 때 한 기업의 서비스는 성공하게 된다. 많은 기업에서 서비스경영을 외치지만 이를 성공적으로 이끄는 기업은 드물다. 그 이유는 서비스를 위하여 모든 부분이 유기적으로 작동되어야 함에도 불구하고 각각의 부서가 제각각 운영되며 문제점을 개선시키지 못하여 서비스 향상으로 나아가지 못했기 때문이다. 그리고 접점에서 고객응대의 잘못으로 탓을 돌리는 경우가 종종 있다. 서비스 관련의 모 책에서는 친절교육이 서비스를 망쳐놓았다고까지 말하고 있다. 하지만 이는 서비스에 대한 깊은 이해가 없는 단편적이고 편협된 시각으로 서비스에 대한 실패를 접점교육의 탓으로 돌리고 있는 것이다.

접점에서의 서비스에 대한 교육은 참으로 중요하다. 또한 이러한 교육에는 고객응대 스킬에서 서비스 마인드, 커뮤니케이션, 불만고객응대, 스트레스 관리, 감정조절 및 코칭, 유형별 응대, 긍정심리, 현장클리닉 등 다양한 교육이 존재한다. 하지만 이러한 교육을 통해서 직원들은 배우고 익히며 전문가로 성장하게 된다. 전문가의 직원들은 기업의 서비스 품질에 영향을 미치며 이는 기업의 영업성과로 이어진다. 그렇기 때문에 교육은 참으로 중요하다. 하지만 그럼에도 불구하고 교육만으로 모든 것이 해결될 수는 없다. 교육과 함께 서비스의 방향을 결정짓는 전략이 필요하며 이를 관리하는 리더의 리더십, 그리고 이를 실행하는 실행부서와 실행력 그리고 고객에게 서비스를 효과적으로 전달하는 마케팅방법이 있어야만 고객의 니즈를 채워주며 만족하는 성공적인 서비스경영이 이루어질 수 있는 것이다.

본 책에서는 이러한 모든 부분을 통합적인 관점에서 담고 있다. 또한 '고객경험'의 관점에서 서비스에 대한 새로운 전략을 찾을 수 있도록 집필하였다. 성공적인 서비스경영에 대한 기본 요소에서부터 서비스 전략, 서비스 스킬, 서비스 마인드 및 태도 그리고 현재 서비스 트렌드라 할 수 있는 고객경험마케팅을 사례를 통하여 소개하고 있다. 즉 '고객경험' 관점에서 서비스경영에 관해 필요한 부분을 살펴봄으로써 우리 기업의 문제점을 인식하여 개선방안을 찾을 수 있는 인사이트를 얻을 수 있도록 하였다. 또한 인간의 기본적인 이해를 담고 있는 심리학적 요소에서 출발하여 서비스에 대한 지식 및 이론, 서비스경영과 트렌드까지 담고 있다. 이러한 전반적인 내용은 서비스에 대한 통합적 관점에서 새로운 시각을 갖게 해줄 것이다. 그리고 우리 기업의 서비스에 대한 문제점을 발견하고 개선할 수 있는 인사이트를 제공하게 될 것이다.

본 내용은 접점에서 근무하는 직원에게만 필요한 것이 아니다. 이를 관리하는 관리자와 본사에서 이들과 접촉하는 모든 부서에서 함께 공유하며 알고 있어야 하는 내용으로 구성되었다. 즉 접점의 직원에서 기업의 CEO까지 모두가 이해하고 알고 있어야 하는 내용이다. 모든 직원이 CS에 대한 공통된 이해도를 가지고 한 방향으로 나갔을 때 그 기업은 고객이 만족하는 서비스에 도달하게 될 것이다. 이 책이 CS에 대한 이해도를 높이고 서비스경영을 통한 지속적인 기업의 성장을 이루는 데 도움이 되기를 바란다.

저자

# CONTENTS

## 04. 서비스 스킬, 고객경험을 완성시키다

## 05. 고객경험, 디자인하라!

# 01.

## 불황을 돌파하는 기업,
## 서비스가 다르다

# 브랜드카페와 로드카페 중 어느 카페가 잘될까?

집 근처에 두 개의 카페가 있다. 두 카페는 지하 주차장으로 들어가는 입구를 사이로 나란히 위치해 있으며 1층과 2층으로 건물구조와 평수가 비슷하다. 한 곳은 한때 카페 브랜드 인지도가 꽤 높았던 브랜드OOO 카페이며 다른 한 곳은 이름 없는 로드카페다. 자, 그럼 어떤 카페에 사람들이 많이 몰릴까? 교육할 때 교육생들에게 이렇게 질문하면 많은 사람들이 "브랜드카페요!"라고 얘기한다. 하지만 정답은 로드카페이다. 일반적으로 브랜드카페가 있으면 그 주변의 로드카페는 브랜드카페보다 잘되지 않는다. 하지만 이곳은 일반적인 경우와 반대의 모습을 보여주고 있다.

그 로드카페는 지인의 소개로 처음 방문하게 되었다. 그리고 그 다음 주말에 난 노트북을 들고 다시 그 카페를 찾았으며 매주 들르고 싶어졌다. 그 로드카페는 다시 찾게 만드는 이유가 분명히 있었다. 첫째로 거기엔 그 카페만의 분명한 분위기가 있었다. 브랜드 커피숍보다 더 편안하면서 독특한 느낌의 분위기를 만들고 있었다. 깔끔하면서도 과하지 않는 캐주얼한 느낌의 인테리어, 그리고 적당한 시간 간격으로 직원들이 다 함께 외치는 구호를 통해 카페가 역동적이고 생기 있는 느낌을 더해주었다. 이러한 분위기와 함께 더욱 좋았던 것은 커피의 맛이었다. 일반 커피숍에서의 커피 맛과는 확연히 다른 질 좋은 커피임에 틀림없었다. 그리고 1회에 한하는 리필 서비스도 맘에 들었다. 그리고 풍겨오는 빵 굽는 향기! 그 향기는 다음에 다시 방문해서 옆자리 고객이 주문한 브런치를 꼭 먹어보고 싶다는 강한 충동을 일으킬 정도다. 그리고 다른 카페와 다른 특이한 부분이 있었다. 그 카페 직원의 80% 이상이 젊은 남성이었던 것이다. 검은색 티의 유니폼을 입고 있었으며 머리에는 두건을 쓰고 근무했다. 카페 대부분의 고객이 여성이라는 점을 감안하면 젊은 남자직원의 응대가 여성고객에게는 긍정적인 이미지로 전달될 수 있을 것이다. 아마도 이를 전략적으로 이용한 듯싶었다. 또한 혼자 노트북을 들고 앉아 있는데도 전혀 눈치를 주지 않았다. 다른 테이블이 모두 꽉 찼는데도 말이다. 정말이지 매일 가고 싶은 곳이었다.

반면 그 브랜드카페는 어떤 곳일까?

그 카페는 인테리어가 이국적이면서 편안한 느낌으로 다른 지역에서는 즐겨 찾던 카페이다. 하지만 노트북을 들고 자리에 앉으면 5분이 채 지나지 않아 직원이 다가온다. "고객님, 저희 카페에서는 혼자

오셔서 3시간을 넘길 수 없습니다. 저희 카페 규정상 그렇게 시행하고 있습니다. 죄송합니다. 참고하세요.···" 5분이 지나지 않아 그 카페에 있는 것 자체가 불편해지기 시작한다. 그 직원이 공손히 말했음에도 불구하고 기분이 썩 좋지 않다. 더군다나 다른 테이블의 빈 좌석이 많다는 것을 인지하면서는 '무슨 이런 곳이 있나?' 하는 생각이 들기 시작한다. 그리고 브랜드카페임에도 불구하고 커피 맛이 좋지 않았다. 나는 개인적으로 커피를 마시게 되면 질 좋은 커피인지 아닌지를 금방 판가름하게 된다. 10년 이상 강의를 하다 보니 목이 예민하여 커피의 질에 따라 목상태가 달라지는데 그곳의 커피를 마시면 목이 안 좋아지는 것을 느낀다. 또한 카운터에 계시는 직원분은 50대 이상의 여성분이었는데 친절해보이지 않는다. 나는 그래도 그 카페를 종종 이용했다. 왜냐하면 그 로드카페에 자리가 없을 때는 선택의 여지가 없기 때문이다.

그로부터 5년이 지났을까? 그 두 카페는 어떻게 변했을까? 예상대로 그 로드카페는 프랜차이즈 카페로 변모하여 인근 지역에 내 눈으로 직접 확인한 체인점만 4개가 더 생기는 것을 보았다. 반면 그 브랜드카페는 주인이 3번 바뀌고 현재는 문을 닫은 상태다. 어떤 현상에는 반드시 그러한 이유가 존재한다. 그 로드카페에도 사람들이 몰리고 성장할 수 있었던 분명한 이유가 있었던 것이다.

그럼 그 로드카페가 계속해서 성장하고 많은 사람들이 그 카페로 몰렸던 이유는 무엇일까?

## 바로 고객만족(CS: Customer Satisfaction)이다

고객만족은 고객이 바라고 원하는 것을 채우는 것, 즉 고객의 요구와 기대에 부응하여 그 결과로써 상품 및 서비스의 재구입이 이루어지고 고객의 신뢰감이 연속되는 상태이다(Oliver. R. L., 1997). 또한 소비자들이 제품이나 서비스를 비교, 평가, 선택, 구매하는 관점에서 어느 정도의 호의적 혹은 비호의적 감정을 경험하느냐의 다차원적이고 포괄적인 개념이다(Westbrook & Newman, 1978). 즉 고객만족이란 계속적으로 고객을 오게 함으로써 재구입이 일어나게 하는 것이라 할 수 있다.

그럼, 고객만족은 언제부터 시작되었을까? 시장의 주도권이 공급자 중심에서 구매자인 소비자 중심으로 변화되는 환경에서 시작되었다. 과거 소비자가 기업을 선택하는 경우는 극히 드물었다. 그래서 기업 입장에서는 굳이 고객을 만족시킬 이유가 없었다. 기업이 고객을 만족시키지 않더라도 고객은 우리의 기업을 찾아왔기 때문이다.

내가 어렸을 때 우리집 앞에는 구멍가게가 있었다. 그곳에서는 내가 좋아했던 과자와 함께 학용품 등 여러 가지를 살 수 있었다. 하지만 난 그 가게에 갈 때마다 언제나 긴장했던 기억이 있다. 왜냐하면 그곳은 동네 어르신인 할아버지가 주인이셨기 때문이다. 그래서 들어갈 때 정확하게 "안녕하세요, 할아버지?" 하고 인사를 했다. 물론 나올 때도 "안녕히 계세요"라고 인사하며 나왔던 기억이 있다. 나뿐만 아니라 다른 사람들도 인사를 하며 가게에 들어갔다. 바로 우리들의 이웃집이었으며 동네 어른이었기 때문이다. 근처에 큰 슈퍼도 있었다. 거리는 조금 멀었지만 그곳에는 구멍가게에 없는 과일과 여러 상품 등이 있었다. 그래서 구멍가게에 없는 물건을 살 때 가끔 이곳을 이용하게 되었다. 하지만 그때도 꼭 인사를 해야 했다. 그곳에서도 동네 어르신이 카운터를 보고 계셨기 때문이다.

그리고 서울에서 대학을 다니게 되면서 한동안 그곳에 가지 못했다. 그리고 언젠가 고향을 방문해 그곳을 찾아봤으나 그 가게는 사라지고 없었다. 그 가게는 슈퍼로 바뀌었고, 그 슈퍼 100m 옆에는 편의점이 생겼다. 또한 그 슈퍼는 그 아드님이 할아버지 대신 운영하고 계셨다. 사람이 바뀌었고 가게는 사라졌으며 경쟁상점들이 생겨났다. 또한 이제는 그 슈퍼에 들어가면서 내가 굳이 인사할 필요가 없어졌다. 그리고 그 슈퍼도 꽤 친절하다. 친절해야만 그 슈퍼도 살아남을 수 있는 시대가 된 것이다. 이렇듯 모든 산업과 곳곳에서 소비자 중심의 고객 만족으로 변화되는 모습을 볼 수 있다.

상품에 대한 선택권이 거의 없었던 과거와 달리 고객은 구매 시 여러 상품 중에서 선택권을 가지게 되었다. 그리고 여러 상품 중 상품이 아닌 서비스를 사게 된다. 내가 굳이 주인을 의식하고 부담스러워하며 그곳을 이용해야 할 필요가 없어진 것이다. 단지 내가 편하고 나에게 친절한 곳을 찾게 된다. 또한 내가 원하는 스타일에 맞춰 자신의 취향과 라이프스타일을 찾아 나서게 되는 것이다. 카페를 가더라도 서비스가 좋은 곳으로 가게 되며, 자신의 라이프스타일에 맞는 카페를 찾아 나서게 된다. 내 경우는 커피의 맛과 공간적 환경 및 인테리어 그리고 음악을 중요시하며 카페를 선택하게 된다.

또한 자신이 만족한 경우 다른 이들에게 여러 채널을 통해 적극적으로 알리기도 한다. 특히, 현재는 SNS라는 굉장한 파워채널이 있어 그 효과는 더욱 커지게 되었다. 이렇게 고객은 시장의 흐름을 주도할 수 있게 되었으며 그 영향력은 더욱더 커지고 있다. 이에 따라 이제 기업은 공급자 중심의 경영으로써는 더 이상 생존이 어렵게 되었으며 고객 중심의 경영이 절대적인 경영방침이 되었다. 고객의 다양한 니즈를 반영하게 되었고 '서비스'가 경영에서 필수불가결한 요소가 되기 시작했다.

우리나라의 경우 1990년대 초반에 고객만족이 경영에 접목되기 시작하여 고객만족경영(customer satisfaction management)이 시작되었다. 고객만족경영만이 급속히 변화하는 환경에서 살아남을 수 있는 방법으로 많은 기업들이 그 중요성을 알고 있으며 이를 실천하고자 노력하고 있다. 하지만 고객만족경영을 성공적으로 실시하는 기업은 드물다. 아직도 많은 기업들이 그 중요성을 알면서도 실천에 옮기지 못하는 경우가 많기 때문이다. 또한 그 방법을 모르거나 개선의 필요성을 느끼지 못하는 경우도 있다. 하지만 고객만족경영은 불황의 시기에 기업의 생존을 위한 필수 요건이며 지속적인 성장을 위하여 반드시 점검해야 할 기본 사항이다.

고객만족을 이루면 만족한 고객의 재방문을 통한 재구입이 이루어지며 계속적으로 이용하는 충성고객 등으로 수입이 증대되고 긍정적

구전효과 등을 통하여 경영적으로 성장하게 된다. 그렇기 때문에 기업은 계속적인 성장을 위해 고객만족경영을 선택하고 있는 것이다. 실제로 고객만족경영을 통하여 성장한 기업들이 존재하며 이는 유통, 금융, 외식, 의료기관, 숙박 등의 모든 산업에서 확인할 수 있다. 또한 앞에서 소개한 로드카페의 사례가 고객만족으로 성장한 예라고 할 수 있다.

# 고객이 몰리는
# 기업의 세 가지 이유

그렇다면 고객만족을 어떻게 이루어야 할까? 고객을 만족시키는 기본적인 3요소는 상품, 서비스, 이미지이다. 상품과 서비스는 고객만족에 직접적인 영향을 미치게 되며 기업 이미지는 간접적으로 영향을 미치게 된다. 각 요소를 살펴보면 다음과 같다.

① 상품: 핵심제품의 품질, 기능, 가격, 디자인, 편리성

② 서비스: 구매편리성, 판매원의 복장, 언어, 용모, 상품지식

  그리고 애프터서비스 및 점포의 호감도와 쾌적성

③ 이미지: 사회공헌과 참여, 기업의 대외적 이미지

자, 그럼 앞에서 소개한 카페의 사례를 다시 살펴보겠다. 내가 로드

카페에 만족하며 매일 가고 싶었던 이유는 위에서 언급한 고객만족의 세 가지 요소를 모두 만족시켰기 때문이다. 상품에 해당되는 질 좋은 커피의 맛과 브런치 메뉴 등은 나를 만족시켰으며 서비스부분인 용모 단정한 직원들과 검은색 유니폼, 생동감을 주는 구호, 매장의 깔끔한 분위기 등은 만족감과 함께 편안함을 전해주었다. 그리고 이미지는 지인의 소개로 방문하면서 그 카페가 괜찮은 곳이란 긍정적 느낌을 갖게 하였다. 그럼, 고객을 만족시키는 기본 3요소인 상품, 서비스, 이미지에 대하여 구체적으로 살펴보자.

첫째, 상품이다. 상품에 해당하는 카페의 질 좋은 커피의 맛은 가장 기본적이면서 중요한 고객만족의 요소가 된다. 물론 고객들은 커피 맛이 아닌 공간적 환경, 또는 인적 서비스 때문에 카페를 방문하는 경우도 종종 있다. 하지만 다른 요소가 만족되었다 하더라도 그 기업 핵심 상품의 만족도가 떨어질 경우 고객의 만족도가 지속되는 경우는 거의 없으며 고객은 만족한 상품이 있는 기업으로 발걸음을 옮기게 된다. 다른 기업으로 이탈하게 되는 것이다. 반대로, 핵심상품의 만족도와 함께 다른 요소가 만족되었을 때 지속적인 고객만족이 유지되며 빠르게 성장하는 것을 볼 수 있다. 그 밖의 상품에 해당되는 요소로 가격, 디자인, 편리성 등이 있다.

상품에 해당되는 핵심요소가 외식산업에서는 음식의 맛에 해당되며 의료기관에서는 의료진의 질에 해당될 수 있다. 이러한 핵심상품을 간과하고 다른 부분을 강조하면 앙꼬 없는 찐빵이 되어 고객의 외면을 받게 될 것이다. 또한 요즘에는 핵심상품의 질과 함께 고객의 니즈에 따른 상품의 변화와 개발이 수시로 이루어지고 있다. 생각보다 환경은 빠르게 변화되고 있다. 그렇기 때문에 우리 상품보다 앞선 경쟁사의 상품과의 철저한 비교가 필요하며 고객의 니즈에 항상 관심을 가지고 이를 수렴하여 개발할 필요가 있다. 지속적인 상품의 개발 및 품질 유지가 필요한 시대가 되었다.

둘째, 서비스이다. 서비스에 해당되는 부분은 경쟁기업체에서 똑같은 상품이 제공된다고 가정했을 때 경쟁사와의 차별화를 일으키며 고객을 유도할 수 있는 중요한 요소가 된다. 서비스가 그 기업의 경쟁력이 될 수 있다는 것이다. 특히나 고객들의 감성이 구매에 더 큰 영향력을 발휘하게 되면서 기업은 이에 직접적인 영향을 줄 수 있는 요소인 서비스를 통해 고객의 감성을 자극하고 있다. 고객들은 혼자 노트북을 들고 가더라도 편안하게 있을 수 있는 곳, 생기 있고 친절함이 느껴지는 곳, 나와 라이프스타일이 일치하는 곳을 찾게 된다.

상품에 이러한 서비스 요소가 더해지면서, 고객들은 감동과 즐거움을 넘어 행복감을 느낄 수 있게 된다. 특히 지금의 시대는 고객들의 소비에 감성의 영향이 점점 커지고 있다. 그렇기 때문에 고객만족에 감성을 접목한 다양한 서비스를 제공한다면 고객은 더 큰 감동으로 기억하게 될 것이다. 또한 서비스는 그 기업의 상품에 대한 서비스 특징을 잘 접목하여 개발할 수 있다. 서비스의 특징은 바로 다음 장에서 다루게 될 것이다.

셋째, 이미지이다. 이미지는 간접요소이지만 사회공헌 및 봉사활동,

대외활동 등을 통해 고객에게 기업의 긍정적 이미지를 전달하면서 고객만족으로 이끌어갈 수 있다. 현재는 SNS의 발달 등으로 기업의 긍정적 이미지가 고객들에게 빠르게 전달될 수 있을 뿐 아니라 부정적 이미지 역시 급속도로 전달되기에 그 파급효과로 인한 타격이 크다는 것을 기억할 필요가 있다. 지난번 항공사에서 일어났던 땅콩사건 및 카드사 정보유출 사건 같은 여러 기업의 사례에서 알 수 있듯이 기업의 부정적인 이미지는 기업이미지를 하락시킴으로써 고객들에게 실망감을 줄 뿐만 아니라 고객들의 이탈현상을 유발하게 된다. 이에 기업의 경영에도 막대한 영향을 미치게 되었음을 알 것이다.

YTN에서는 '땅콩 회항! 얼마짜리 사고?'라는 문구로 경제적 손실에 대해 직접 비용을 계산하여 조사하기도 하였다. 수치를 보면 '무용지물' 광고 홍보비 500억 원, 운항정지 등 매출 손실 390억 원, 소액주주의 손해배상 청구, 이미지 회복 비용 등 총 890억+α로 나타났다. 이는 그만큼 기업의 이미지가 기업경영에 미치는 영향이 크며 실제로 막대한 영향을 미치고 있음을 알 수 있다. 기업의 이미지는 고객만족의 간접요소이지만 향후에는 더욱 중요한 요소가 될 것이며 이미지 관리에 더욱 많은 노력이 이루어져야 할 필요가 있다.

고객만족의 3가지 요소인 상품, 서비스, 이미지를 통해 기업의 성장요인에 대하여 살펴보았다. 고객만족의 3요소가 충족되었을 때 고객에게 만족감을 주고 지속적인 성장을 이루게 된다. 또한 이 세 요소는 어느 하나라도 부족함 없이 모두가 충족되어야 하는 필요충분조건이라 할 수 있을 것이다.

## 〈 고객만족의 구성요소 〉

| 고객만족요소 | | 세부내용 |
|---|---|---|
| 상품<br>(직접적<br>요소) | 상품의 Hard 가치 | 품질, 기능, 성능, 효율, 가격 |
| | 상품의 Soft 가치 | 디자인, 컬러, 상표, 향기, 소리, 편리성, 사용 설명서 |
| 서비스<br>(직접적<br>요소) | 점포 및 점내 분위기 | 호감을 가질 수 있는 점포, 쾌적한 점내분위기 |
| | 판매원의 접객 서비스 | 복장, 언행, 배려, 인사, 대답, 미소, 상소, 상품지식, 신속한 대응 |
| | 애프터, 정보서비스 | 상품의 애프터서비스, 라이프스타일의 제안, 정보제공 서비스 |
| 기업<br>이미지<br>(간접적<br>요소) | 사회공헌활동 | 문화, 스포츠 활동에 대한 지원, 지역주민에 대한 시설개방, 복지활동 |
| | 환경보호운동 | 리사이클활동, 환경보호 캠페인 |

출처 : 하라시마(1993)

# ❗ 서비스 기업의 특징을 강화하라

"서비스 기업과 제조업의 차이는 무엇이라고 생각하십니까?"

교육을 위해 모 기업을 방문했을 때 갑자기 사장님께서 질문을 하셨다.

10년 이상을 서비스 기업에서 CS 및 교육을 담당하였고 Hospitality MBA를 했으며 서비스경영 박사학위를 취득한 나로서는 이 질문에 대답하지 못할 경우 신뢰를 잃게 되는 상황이었다.

다행히 내 대답은 사장님이 원하는 답이었던지 흠칫 놀라시는 모양이었다. 아무래도 사장님은 교육 오시는 모든 분들에게 이 질문을 하시는 듯하였다. 나중에 알게 된 사실이지만 서비스 기업과 제조업의 차이 곧, 서비스 기업의 특징을 통한 insight를 통해 그 기업은 새로운 서비스 전략을 세우며 성장한 계기가 되었음을 알게 되었다.

그렇다면 서비스 기업과 제조업의 차이는 무엇일까? 이는 곧 서비스 기업의 특징에 있다고 할 수 있다. 서비스 기업의 특징은 고객이 존재해야 한다는 것이고 고객이 존재해야만 생산이 이루어지며, 또한 고객에 의해 상품은 변경될 수 있다는 것이다. 즉 고객이 모든 것을 주도하게 되며 고객에 의해 모든 것은 변경될 수 있으며, 무엇보다 고객을 만족시켜야 한다. 고객이 만족했을 때 다시 그 기업에서 생산이 이루어지기 때문이다. 자, 그렇다면 고객만족을 위한 서비스의 특징을 알아보도록 하자. 서비스의 특징은 4가지로 구성되어 있다. 즉 무형성, 동시성, 이질성, 소멸성이다.

### ① 보이지 않아도 보여요: 무형성(Intangibility)

요즘 현대인들은 바쁜 생활 속에서 택배서비스를 많이 이용하게 된다. 하지만 택배서비스를 기다리는 동안 제대로 도착하고 있는지 현재 어디쯤 도착했는지 알 수가 없다. 그런데 이러한 불편한 점을 해소하기 위해 위치 추적이 가능한 시스템이 개발되었다. 원하기만 하면 즉시 현재 이 상품이 어디쯤 도착했는지 금방 확인할 수 있도록 되어 있어 고객에게 편리함과 신뢰감을 주고 있다. 요즘 아주머니들 사이에서 쿠팡이 인기다. 그에 대한 이유는 여러 가지가 있겠지만 그중 하나는 사진과 메모서비스라고 한다. 물건을 구매하고 집을 비우는 경우가 많은데 집 앞에 택배를 두고 사진을 찍어 보내준다거나 배달원이 직접 쓴 메모를 보고 아주머니들은 감동하게 되는 것이다. 이 두 사례는 보이지 않는 무형의 서비스를 시스템을 통해 또는 사진과 메모를 통해 유형화시키며 고객의 감성을 자극하여 편리함과 신뢰감을 전달하고 있는 것이다.

　서비스가 제조업과 다른 가장 큰 특징 중 하나는 눈으로 볼 수 없으며 만질 수 없는 무형성을 가지고 있다는 점이다. 이로 인하여 객관적인 품질 수준의 측정이 어려우며 객관적 증거의 부족으로 경쟁 서비스와의 비교가 어려워 소비자 입장에서는 구매결정의 어려움을 가지게 된다. 또한 서비스를 저장하기 어렵다는 특징이 있다. 이러한 무형의 서비스는 어떤 서비스를 구매하느냐에 따라 그 가치는 크게 달라질 수 있다. 또한 공급자 입장에서는 자신의 무형의 상품을 얼마만큼 잘 포장하느냐에 따라 다른 가치를 전달할 수 있게 된다. 무형의 서비스를 유형화할 수 있는 전략을 세운다면 다른 경쟁사 상품과의 차별화를 이룰 수 있을 것이다. 위의 배달서비스가 보이지 않는 무형성의 단점을 잘 이용한 사례이다. 보이지 않는 서비스를 보여주는 것으로 대체했을 때 고객은 그 기업을 더욱 신뢰하게 된다.

## ② 즉각적인 반응을 준비하라: 동시성(Inseparability)

　나는 물건을 구매하거나 미용실에 갈 때에는 여건이 된다면 큰 매장이나 프랜차이즈 미용실을 이용한다. 그 이유는 리스크를 줄이기 위해서이다. 특히, 미용실의 경우 머리 시술을 잘하지 못하는 직원을 만날 경우 그 여파는 너무 크다. 다음 번 머리를 할 때까지 계속해서 스트레스를 받고 살아야 하기 때문이다. 물론 작은 미용실이라고 해서 서비스가 떨어진다고는 할 수 없지만, 프랜차이즈 미용실의 경우 어느 정도의 실력과 계속적인 교육을 받고 있다는 신뢰를 가지고 있기 때문에 큰 프랜차이즈 미용실을 이용하는 편이다. 어느 미용실 디자이너의 이야기다. 이 디자이너는 많은 고객 중 가끔 얄미운 고객이 있다고 한다. 그럴 경우 샴푸할 때 좀 더 머리가 아프도록 샴푸를 하거나 성의 없이 하게 된다는 것이다. 또한 서비스를 추가할 수 있지만 이를 생략하기도 한다고 한다. 모든 디자이너가 그렇지는 않겠지만 각각의 상황에 따라 서비스는 충분히 변화될 수 있다.

제조업과 달리 서비스는 생산과 함께 소비가 동시에 일어난다. 서비스 제공자, 서비스 공간 및 시설, 서비스 사용자가 함께 참여하여 직원과 고객 간의 접촉을 통하여 서비스가 이루어지게 된다. 이러한 동시성으로 인하여 문제점이 발생하게 된다. 직원의 역량에 따라 서비스의 질은 달라지게 되며 고객의 영향으로 품질이 떨어질 수 있다. 바로 고객과 직원 모두가 서비스의 품질에 영향을 미치기 때문이다. 이러한 서비스 속성으로 인하여 기업에서는 서비스 제공자의 선발에 신중을 기할 필요가 있으며 주기적인 교육과 문제점을 분석하여 개선할 수 있어야 한다. 또한 이러한 종합적인 관리를 통하여 서비스의 실패를 줄일 수 있어야 한다.

③ 고객은 동일한 서비스를 원한다: 이질성

서울에서 살다가 처음 경기도에 이사를 오면서 서울과 다른 큰 차이점을 미용실에서 느낀 적이 있었다. 분명 똑같은 프랜차이즈 미용실이었음에도 불구하고 서비스에 너무 큰 차이가 있었기 때문이다. 처음에는 이러한 서비스에 대하여 이해할 수 없었지만 점점 경기도에 맞는 서비스에 적응해 나가기 시작했다. 하지만 서울에 있는 미용실을 방문하면 확실히 다른 서비스를 느끼곤 한다. 이러한 서비스 차이는 서울과 경기도의 지역적인 차이뿐 아니라 동일한 매장에서도 존재한다. 똑같은 매장 내에서도 커피숍의 경우 어떤 바리스타가 커피를 내리느냐에 따라 커피의 맛은 조금씩 다르다. 바로 서비스의 이질성이 존재하기 때문이다. 서비스의 이질성은 서비스를 제공하는 사람이나 상황과 환경에 따라 서비스 품질이 달라질 수 있음을 말한다. 또한 고객의 독특한 특성이나 요구사항으로 인하여 체감하는 서비스 품질은 달라지게 된다. 내가 미용실 품질에 대한 불만족을 느꼈던 이유는 서울에서의 더 나은 서비스 경험이 있었기 때문인 것처럼 말이다. 이러한 특성을 보완하기 위해서는 서비스의 매뉴얼화 및 기계화 등을 통해 서비스 품질의 균질화를 이룰 필요가 있다. 이는 프랜차이즈 기업의 경우 지점 간의 균질화가 필요하며 같은 매장의 경우는 직원들 간의 서비스 품질 교육에 중점을 두어야 한다. 또한 고객의 개성과 다양한 욕구 및 개별화에 따른 맞춤응대전략 등이 필요하다.

④ 서비스는 저장되지 않으며 사라진다: 소멸성(perishability)

주중 이른 아침 시간에 고속버스를 타고 지방에 가는데 3분의 2 이상의 좌석이 빈 채로 가는 경우가 종종 있다. 명절의 경우에는 좌석이 부족해 만석이던 자리가 주중에는 텅 빈 경우를 보며 버스회사의 비용적 측면의 손실을 느낀다. 내 핸드폰은 무료 음성 서비스가 포함되어 있다. 한 달에 한 번씩 몇 분의 서비스가 남아 있다는 문자가 도착한다. 그럴 때면 통화료를 의식하여 전화를 빨리 끊었던 것을 후회하며 아쉬움을 갖지만 굳이 남은 시간을 없애기 위해 통화를 하지는 않는다. 남은 통화시간들이 사라진다는 점에 조금은 아깝다는 생각을 할 뿐이다.

　제조업의 경우 생산한 제품은 사라지지 않는다. 생산 후 판매되지 않은 상품은 보관했다가 원하는 곳에 다시 판매할 수 있다. 하지만 서비스업의 경우 한 번 생산한 상품은 보관이 불가능하여 바로 소멸되므로 재사용이 불가능하다. 예를 들어 커피의 경우 제조업체에서는 캔으로 커피를 생산하여 재고를 통한 계속적인 판매가 가능하지만 커피숍의 경우 이미 상품화된 커피는 커피가 남았다고 해서 이를 보관했다 판매할 수는 없는 것이다. 또한 고속버스나 비행기의 좌석, 음성 서비스 등이 이에 해당된다. 또한 고객이 불만족했을 경우 서비스가 이미 소멸되었기 때문에 회복할 수 없다는 제한점을 가지고 있다. 이에 회복되지 않는 서비스와 사라지는 서비스 등에 대한 전략이 필요할 것이다. 그리고 정확한 수요예측이 필요하며 잘못된 서비스가 실시되었을 경우 이에 대한 회복전략이 필요할 것이다.

# 갈매기가 죽은 이유,
## 변화와 혁신의 차별화가 필요하다

미국 남서부의 해안가에 위치한 항구도시에서 갈매기들이 떼 지어 죽기 시작했다고 한다. 그 항구도시의 시민들은 충격에 휩싸였다. 왜냐하면 그들은 바다의 물고기를 이용하여 통조림사업을 하면서 그 항구도시가 청정지역임을 내세워 광고를 해왔기 때문이다. 만약 갈매기 죽음의 원인이 물고기에 있다면 통조림의 판매에도 크나큰 영향을 미치게 된다. 서둘러 조사단을 구성하여 원인을 파악했지만 근본원인을 밝혀내는 데 실패하고 단지 죽음의 원인이 바다의 오염과는 무관한 굶주림 때문이라는 사실만을 밝혀냈다. 그러나 시간이 흐를수록 갈매기들의 떼죽음이 계속해서 늘어나자 한 동물학자가 다시 연구를 시작했다. 그는 전의 조사결과가 굶주림이었다는 점을 염두에 두고 주변 환경을 철저히 조사하여 원인을 밝혀냈다.

원인은 지금까지 통조림을 만들면서 사용된 물고기의 머리, 꼬리 등의 부산물을 바다에 버렸지만, 머리와 꼬리를 가축용 사료로 사용하면서 바다에 버리지 않게 되자 갈매기들이 죽기 시작한 것이었다. 항구도시의 갈매기들은 그동안 바다에 버려지는 물고기의 부산물이 풍부했기 때문에 스스로 먹이를 구하지 않아도 되었던 것이다. 하지만 더이상 부산물들을 바다에서 구할 수 없게 되자 갈매기들은 두 부류로 나누어졌다. 한 부류는 갈매기의 본성을 찾아 직접 먹이를 구하여 생존하게 되었으나 다른 부류는 물고기의 부산물을 기다리다 굶어 죽었던 것이다. 같은 상황에서 환경의 변화에 적응한 갈매기들은 생존하였지만 변화에 적응하지 못한 갈매기들은 죽음을 맞이했던 것이다.

현재 우리 시장의 환경은 빠르게 변화되고 있다. 대한상공회의소가 발표한 자료, '100대 기업의 변천과 시사점'에서는 시가총액 상위 100대 기업 중 41개가 지난 10년(2000~2010) 사이에 탈락한 것으로 나타났다. 20년(1999~2010) 사이에는 58개, 30년(1980~2010) 사이에는 73개가 100대 기업의 지위를 유지하지 못하고 탈락했다고 한다. 또한 100대 기업의 절반이 10년을 버티기가 힘들 만큼 시장경쟁은 치열하다. 보고서는 기업이 생존하기 위해서는 계속적인 변화와 혁신만이 필요하다고 발표했다. 갈매기의 이야기처럼 적응에 성공한 기업들은 계속해서 성장하게 되지만 변화에 실패한 부류는 도태될 수밖에 없는 게 현실이 되었다. 이렇듯 빠르게 변화하는 시장에는 반드시 고객이 존재하게 된다. 고객은 변화하는 기업을 선택하게 되고 고객의 변화에 적응하는 기업이 살아남게 되는 것이다. 고객의 선택을 받지 못하며 고객의 변화에 반응하지 못하는 기업은 도태되는 것이다.

요즘 식당의 폐업률은 94%라고 한다. 100개의 식당 중 94개의 식당은 문을 닫는 게 현실이다. 식당뿐만 아니라 병, 의원도 마찬가지다. 대한병원협회에 따르면, 개인병원 폐업률은 2010년 11.4%에서 2013년 12.18%로 해마다 증가하고 있다고 한다. 하지만 이렇게 어려운 상황에서도 도태되는 기업이 있는가 하면, 반대로 성장하는 기업도 존재한다.

그렇다면 현재 우리 기업은 어떤 상황인지 살펴볼 필요가 있다. 고객의 수가 점점 줄어들고 고객의 발길이 경쟁사로 향하고 있는가? 그렇다면 지금 당장 우리 기업의 차별화를 위한 변화를 꾀할 시점이다. 그리고 고객만족을 위하여 반드시 재점검되어야 한다. 반대로, 고객에게 신뢰를 받고 있으며 고객들이 다시 찾아오며 경영에는 무리가 없는 상태인가? 그렇다면 이 또한 고객만족에 대하여 다시 점검해보아야 할 타이밍이 바로 지금이 될 것이다. 10년 뒤 20년 뒤에도 장수하기 위해서는 우리가 무엇을 어떻게 개선해야 하는지를 다시 되짚어보아야 할 것이다. 시대의 변화에 따른 차별화를 시작해야 하는 것이다. 성장하는 기업들을 살펴보면 차별화에 성공한 기업임을 알 수 있다.

## 여성전용 피트니스 커브스

커브스는 현재 인기를 끌고 있는 여성전용 피트니스이다. 커브스는 1992년 텍사스주 할링겐에서 오픈하기 시작하여 현재 90개국에서 운영되고 있으며, 우리나라는 2006년에 도입되어 2016년 현재 346점이 운영 중이다. 커브스는 다른 피트니스와는 달리 여성만을 위한 공간으로 여성의 건강하고 행복한 삶을 만들고자 하는 신념으로 세워졌다. 또한 여성들의 니즈를 정확히 파악하여 여성들이 빠르고 효율적이면서 편안한 환경에서 운동하고 싶어 한다는 사실을 깨닫고 이를 전략적으로 차별화하여 운영하였다.

'3NO전략'을 통해 남자(No man)와 거울(No mirror), 화장(No make-up)을 없앴으며, '30분 순환운동' 프로그램을 개발하여 여성의 편의와 신체적 특성을 철저히 고려하였다. '30분 순환운동'은 텍사스 베일러대학에 연간 200달러 이상을 투자하여 30분 순환운동의 효과를 과학적으로 증명하고 개선시켰다. 그 외에 남성을 위한 운동기구나 샤워시설을 배제하여 운영비와 임대비용을 효율적으로 절감하였다. 또한 이달의 성공스토리를 통해 최다체중감량, 건강회복, 최다친구추천, 최다출석 등 베스트 회원 등을 선발함으로써 여성들이 서로 격려해주고 보살펴주는 독특한 문화를 가지고 있다.

커브스의 성공은 여성이 운동에 집중하는 데 방해가 되는 것을 제거하고 운동에만 집중하고 싶은 고객의 니즈를 정확히 파악했기 때문이며 고객의 니즈를 통하여 상품에 대한 변화와 혁신을 이룬 차별화에 성공했기 때문에 가능했다.

## 세계 최대 가구회사 이케아

이케아는 스웨덴에 있는 세계 최대 가구회사이다. 매장 임대비용과 물류비용 등의 비용절감을 통하여 품질과 디자인으로 성공한 가구업체로 매장은 도시 외곽에 위치해 있으며 누구나 조립 가능하게 되어 있어 구입 즉시 자신의 차에 실어갈 수 있다. 처음에는 저렴한 가격으로 서민층이 애용하였으나 실용성을 강조하는 추세에 맞춰 젊고 실용성을 강조하는 사람들에게 인기를 끌고 있다. 이케아가 세계적인 가구회사가 된 이유는 이러한 상품의 차별화가 있었기 때문이다. '소유하고 싶은 감각 있는 일회용 디자인'이라는 슬로건에 맞게 저렴하면서도 스타일을 중시하는 소비자들의 감성적인 니즈를 파악하였으며 소비자가 직접 조립하여 완성한 가구는 그들로 하여금 내가 조립한 나만의 가구라는 느낌이 들게 하면서 그 가치를 더하게 했던 것이다. 하지만 IKEA는 상품에서뿐만 아니라 고객서비스에서도 고객의 니즈에 맞는 서비스를 실현한 좋은 사례를 보여주고 있다.

DBR No.123에 실린 내용이다. 이케아가 신흥시장 확대를 위해 중국으로 진출했을 때이다. 중국 상하이 쉬후이 매장은 고객의 60%가 대중교통을 이용할 정도로 고객의 1인당 소비액이 작았으며 중국 내에서는 작은 매장이었다. 또한 쉬후이 매장은 고객서비스를 위한 '무료커피제도'로 매장에 딸린 이국적인 카페테리아가 오픈되어 있었다. 그런데 이곳이 이케아를 이용하는 고객들의 휴식공간이 아닌 중국노인들의 데이트 장소로 변질되었다. 당시 그 지역의 데이트 클럽 담당자가 이케아의 카페테리아를 데이트 장소로 지정하는 바람에 매장에는 더욱 많은 데이트 클럽 멤버들이 모여들기 시작했으며 급기야 매장에서 소란을 피우는 행동도 서슴지 않고 일어나게 되었다. IKEA 입장에서는 고객의 편의시설이 고객 로맨스 현장이 되어버렸기 때문에 이를 해결하기 위해 고심하기 시작했다. 여러 대안들을 고민하게 되었으며 무료커피제도를 중단하거나 노인들의 만남을 주선하는 운영자를 만나 제지하는 등 여러 대안을 생각했지만 이는 IKEA에 부정적인 이미지를 끼칠 것이라 판단하여 다른 대안을 찾기 시작했다.

이케아는 여러 나라에서 표준화된 제품과 서비스가 이루어지고 있지만 지역마다의 특수성을 고려하여 서비스를 실시하게 된다. 쉬후이 매장은 문제를 해결하기 위한 대안으로 무조건적으로 데이트족을 몰아내는 방법이 아닌 이케아의 문화가 담긴 서비스를 유지하기 위하여 창의적인 방법을 생각해야 했다. 이에 이케아는 데이트를 위한 멤버에게는 초록색 컵을 제공하며 그들을 위한 장소를 따로 지정해주었다. 이는 이케아의 고객과 구분되면서 점차적으로 발길을 돌리게 하는 계기가 되었다. 그 후 카페테리아에는 데이트족의 수가 점점 줄어들었으며 예전과 같은 매장의 모습으로 돌아오게 되었다. 이케아는 지역사회에서 사람들과 더 가까워지고 그들의 삶의 일부가 되어야 하고 사회적 책임감을 가져야 한다고 믿었다. 이것이 이케아의 경영철학이고 기업문화이다. 쉬후이 매장은 고객들의 니즈를 고객의 눈으로 바라보며 회사의 이미지에도 타격을 주지 않는 방식으로 고객서비스를 실현한 우수한 사례이다. 이 사례는 현재 여러 나라에 소개되면서 IKEA의 이미지에 더욱 긍정적인 효과를 주고 있다.

이 두 경우는 고객의 니즈 변화에 반응하며 적극적으로 만족시킨 사례이다. 커브스는 여성 고객을 대상으로 한 상품에 집중함으로써 차별화된 서비스를 실시하였으며, IKEA는 고객의 불만적 요소를 고객의 관점에서 지혜롭게 해결함으로써 기업 이미지에 긍정적인 이미

지를 더해주었다. 또한 이를 통해 다른 경쟁기업과의 차별화를 이루
게 되었다.

변화와 혁신은 차별화이다. 차별화란 남들과 다른 것이며, 고객들이
비교하여 선택하도록 끌리는 그 무엇이 있어야 하는 것이다. 기업에서
는 상품과 서비스 등으로 차별화를 꾀하고 있으며 고객들은 상품을 선
택할 때 경쟁기업과 차별화할 수 있는 독특한 제품이나 서비스의 특징
을 보며 판단하여 선택하게 된다. 그렇기 때문에 고객만족을 위한 차
별화를 위해 지속적인 노력과 개선이 필요하다. 이에 반드시 고려해야
하는 부분이 있다면 바로 고객을 아는 것이며 고객을 위한 것이어야
한다는 것이다. 즉 고객의 니즈를 파악하는 것이 중요하다.

우리는 차별화라고 하면 그 기업의 제품에 대한 차별화만을 생각하
는 경우가 종종 있다. 하지만 차별화를 위한 요소를 무형과 유형으로
나누어볼 때 고객이 감성적인 면을 더욱 중요시한다는 점을 고려한다
면 무형적 요소의 차별화 중요성을 일깨울 필요가 있다. 유형의 요소
는 눈으로 볼 수 있는 크기, 모양, 디자인 등이며, 무형의 요소는 눈으
로 볼 수 없으며 금방 사라질 수 있지만 고객들에게 감성적인 느낌을
줄 수 있는 부분으로 서비스와 기업의 이미지가 이에 해당될 수 있다.

특히, 서비스 산업의 경우 그 제품 및 상품의 질을 직접 판단하기 쉽
지 않은 경우가 많다. 이에 서비스 산업의 경우 서비스의 특징을 고려
한 변화와 혁신의 차별화를 통하여 기업의 성장을 이끌어나가야 할 것
이다.

# 감성을 자극하는 O2O로 소통을 경험시켜라

스타벅스 O2O 서비스

언젠가 후배직원과 차를 한잔하기 위해 스타벅스에 갔다. 일단 자리를 잡고 주문하려고 일어나자 후배직원이 나에게 말한다. "강사님, 어디 가세요?" "나 커피 주문하려고! 왜?"라고 하니 "강사님은 카운터에서 주문하세요? 저는 여기 앉아서 주문하는데요. ^^"라고 한다. "무슨 말이야?"라고 했더니 "저는 여기서 앱으로 주문하면 창구에서 '오드리 햅번' 하면서 저를 불러요, 제 이름이 오드리 햅번이거든요." "아~ 정말? ㅎㅎㅎ"

언제나 센스 넘치는 후배직원의 말인즉 자신은 신세대이기 때문에 앉아서 앱을 이용하여 커피를 주문한다는 것이다. 이를 은근히 자랑하고 있는 거다. 바로 스타벅스의 O2O서비스로 사이렌 오더 시스템을 의미했던 것이다. 예전부터 스타벅스에 들르면 직원이 앱을 깔라며 설명해줬지만 귀찮아서 그냥 무시해버렸는데 신세대인 후배직원은 앱을 깔아 이를 이용하고 있었던 것이다. 역시 신세대는 다르다는 걸 느낀다. 그리고 역시 '스타벅스는 다르구나'를 느낀다. 요즘 고객과 가장 소통을 잘하는 커피전문점은 어디일까? 나는 바로 주저 없이 스타벅스라고 말하고 싶다. 2016 고객감동브랜드지수(K-CSBI) 커피전문점 부문 1위를 스타벅스가 차지했다.

스타벅스는 후배직원이 앱으로 커피를 주문했던 것처럼 모바일앱에 나만의 음료를 저장해 편리하게 음료를 주문하고 결제하는 혁신적인 O2O기반의 '사이렌 오더' 서비스를 실시하고 있다. O2O란 'Online to Offline'의 준말로 O2O가 온라인과 오프라인을 연결시켜주는 역할을 하게 된다. 기업에서는 이를 마케팅도구로 활용하면서 고객들에게는 다양한 혜택을 제공하게 된다. 외식업체에서도 O2O서비스를 이용하여 차별화된 서비스를 제공하고 있으며 앱을 설치한 고객에게는 메뉴할인 및 무료이용 쿠폰 등의 혜택도 주어진다. O2O서비스는 많은 업종에서 빠르게 성장하고 있다. 그 밖에 주유, 숙박 등의 업종에서도 확장되어 사용되고 있다고 한다.

스타벅스는 이 서비스를 2014년 5월 29일에 시작하였으며 2014년 전 세계 스타벅스 매장 중 국내에 처음 도입해서 실시하고 있다. 이를 이용하는 고객은 꾸준히 증가하고 있다. 앱을 이용하면 혜택이 주어지면서 재미와 편리성을 제공하기 때문에 계속적인 이용을 부추기게 된다. 이를 통해 고객들은 더욱 충성도를 높이고 있는 것이다. 스타벅스의 '사이렌 오더'는 20~30대 여성의 절반가량이 경험한 것으로 나타났으며 20~30대 여성의 사용실적이 80%가량을 차지하는 것으로 나타났다.

또한 '사이렌 오더'의 '콜마이 네임'은 상황에 따라 자유롭게 별명을 바꾸어 사용하게 되는데 실제로 발렌타인데이나 화이트데이 때 대학교 주변 매장에서는 '영희야 사랑해'라는 이름을 넣어 사용하는 경우가 있었다고 한다. 연인 간의 사랑 고백 등 상황에 따라 다양한 이름을 사용하는 젊은이들에게는 재미를 제공하게 된다. 그리고 자신의 이름을 친근하게 불러줌으로써 감성을 일깨워주게 된다. 또한, 참여를 이끌어냄으로써 소통의 도구가 되는 것이다.

스타벅스는 진동벨을 사용하지 않는다. 고객과의 소통을 중시하기 때문이다. 본사가 있는 미국 등에서는 고객에게 이름을 물은 후 그 이름을 부르지만 한국문화에서는 자신의 이름이 불리는 것을 부담스러워한다. 이를 감안해 별명 서비스가 실시되었다는 것이다. '사이렌 오더'는 편리성을 넘어 자신의 별명을 불러줌으로써 재미와 함께 감성을 일깨워줄 수 있었다. 그리고 이를 통한 소통의 도구로 이용되면서 고객의 충성도를 높이고 있다고 할 수 있다.

### SNS를 활용하라

하나카드 역시 소통의 도구를 통하여 고객과의 공감지수를 높이고 있다. 사단법인 한국소셜콘텐츠진흥협회에서 주관하는 '2016년 제6회

대한민국 SNS 대상' 어워드에서 2개 부문의 대상을 수상했다. SNS 채널에 페이스북과 카카오스토리를 운영하면서 고객들에게 소통의 채널을 제공함으로써 고객과의 교감에 성공한 것이다. 다양한 연령대와 관심사를 가진 카드 소비자층에게 실용적인 생활정보와 감성적인 부분을 터치함으로써 공감대를 형성한 것이 성공의 주요한 이유로 분석되었다. 특히 '어버이날 손편지 꽃배달 이벤트' 등은 그동안 마음을 전하지 못했던 주변인들에게 마음을 전할 수 있는 계기를 마련해줌으로써 20~30대 층에게 상당한 긍정적 반응을 일으켰다. 특히 '페이스북 눈치게임 이벤트' 등은 많은 고객들의 참여를 이끌어냄으로써 6만 명의 팔로어를 확보했다. 하나카드 홍장의 마케팅 본부장은 "고객과 실질적으로 소통하고 교감하는 커뮤니케이션을 지속적으로 확대해 나갈 것"이라며 "SNS 채널은 물론 다른 기업이 하지 않았던 새로운 커뮤니케이션 방식을 지속적으로 발굴하여 다양한 세대와의 끊임없는 교감을 통해 손님과 진정한 소통을 하는 하나카드가 될 것"이라고 소감을 밝혔다.

또한 소통을 통해 브랜드의 이미지를 각인시키는 기업으로 'KB손해보험'이 있다. KB손해보험은 2015년 6월 24일 LIG손해보험에서 'KB손해보험'으로 공식출범하면서 홈페이지와 서비스 등에서도 많은 개편이 시작되었다. 이와 함께 KB손해보험의 모바일 홈페이지는 디자인의 독창성과 차별성, 서비스 품질과 콘텐츠 등의 신뢰도를 더욱 높이는 변화를 갖게 된다. 그리고 보험업계 최초로 전면 One-stop 모바일 금융 서비스 제공과 비대면 업무처리의 신속함 등으로 혁신적인 서비스를 펼쳐나가게 된다. 더 나은 서비스를 위해 고객들에게 더욱 편리한 보험청구 등의 서비스를 제공하는 동시에 다양한 부가서비스를 제공함으로써 고객만족도를 높이게 된 것이다. 이를 토대로 2015년 '앱어워드 모바일 웹 최고대상' '대한민국 SNS보험부문 대상'을 수상하기도 하였다.

또한 새로운 브랜드를 알리기 위한 작업으로 SNS 등을 통하여 이벤트를 실시하는 등 고객과의 끊임없는 소통으로 고객의 참여를 유도하고 있다. 이벤트를 통해 KB손해보험을 새롭게 알리고 있으며 새로운 고객 창출을 유도하고 있다. 'KB손해보험과 함께 쓰는 국민 희망록' 등의 캠페인은 참여자가 직접 희망록을 지어보고 공감되는 작품에 공감을 표시하는 형식으로 많은 이들의 참여를 유도하였다. 이러한 노력을 통해 'KB손해보험'만의 브랜드 이미지를 각인시키고 있는 것이다.

고객은 우리가 생각하는 이상으로 빠르게 변화에 적응하며 변화를 주도하게 된다. 그리고 그 변화에는 고객의 감성을 자극하는 서비스가 있게 된다. 많은 기업들이 변화를 위한 많은 시도들을 하고 있다. 하지만 변화만을 위한 무조건적인 시스템의 적용이 아니라 고객의 감성을 자극할 수 있는 서비스의 변화가 타 기업과의 차별화를 갖게 할 것이다.

스타벅스가 새로운 시스템의 O2O서비스를 도입하였지만 스타벅스만의 감성을 자극하는 서비스가 있었기 때문에 변화에 성공하며 계속적으로 이용자가 늘어날 수 있었던 것처럼 말이다. '사이렌 오더'에는 감성이 있었다. 그리고 편리성을 넘어 재미와 고객의 참여를 유도했다. 또한 하나카드에서도 고객과의 공감이라는 소통이 존재했다. KB손해보험에서는 이용의 편리성을 높여주는 One-stop 서비스 및 신속성과 함께 이벤트를 통해 브랜드를 알리는 소통의 도구를 잘 활용하였다. 이러한 차별화된 서비스는 고객과의 소통의 도구로 브랜드 이미지를 각인시키며 고객의 충성도를 높일 수 있게 된다.

# 경영의 시작은 왜 사람인가

서비스 기업에서 사람은 특히 중요하다.

영국항공(British Airways)은 고객들에게 만족한 서비스를 제공하는 데 어떠한 조건이 있는지에 대하여 조사하였다. 조사결과 고객들에 대한 훌륭한 서비스는 두 가지로 나타났다. 첫째, 직원들의 건전하고 긍정적인 사고방식이 고객들에게 영향을 미쳤으며, 둘째는 고객들과 직원 사이의 문제를 서로 이해하려는, 상호 간의 친밀한 관계가 서비스에 영향을 미치는 것으로 나타났다. 또한 직원들 간의 관계가 각자의 서비스 태도에 많은 영향을 준다는 사실을 알게 되었다.

이렇게 사람의 사고방식과 사람과의 관계가 고객만족에 영향을 미친다는 조사 결과는 '사람이 중요하다'는 것으로 서비스 산업에서 더욱 그 빛을 발하게 된다. 제조업에서는 제품을 판매할 때 제품의 질만 보고 물건을 구매하게 되지만, 서비스 산업의 경우에는 상품을 판매할 때 상품에 인적 서비스가 포함되며 인적 서비스는 고객에게 미치는 영향이 크기 때문이다. 똑같은 상품이지만 어떤 사람이 어떤 모습으로 어떻게 응대하느냐에 따라 상품의 질은 달라지며 상품에 대한 만족도를 넘어 상품에 대한 가치까지 달라지게 된다.

펀드에 가입하려 은행에 들렀다고 가정하자. 그런데 같은 은행에서 같은 상품임에도 불구하고 설명해주는 사람에 따라 왠지 펀드가 잘될 것 같은 느낌, 이 펀드가 향후 나의 자본이 되어줄 것 같은 확신을 주는 사람과 그렇지 않은 사람이 있다. 은행에서 대출을 받을 때도 마찬가지다. 대출받는다는 것 자체가 조금은 민망한 상황일 수 있지만 어떤 직원이 어떻게 응대하느냐에 따라 그 대출을 통해 든든한 힘과 행운을 가져다 줄 수 있다는 느낌을 받는 경우가 있는 반면 굴욕적인 느낌을 받는 경우가 있다. 똑같은 상품이라 할지라도 어떤 사람이 어떻게 응대하느냐에 따라 그 상품에 대한 만족도를 넘어 고객이 느끼는 가치는 달라지게 된다.

그래서 서비스 기업은 고객과의 접점에서 응대하는 인적 서비스가 중요하다. 이는 곧 고객에게 직접적인 만족을 줄 뿐만 아니라 그 기업의 이미지에도 크나큰 영향을 미치게 되기 때문이다. 직원 한 명의 실수로 기업의 이미지가 나빠지는 경우를 종종 볼 수 있는 것처럼 말이다. 그렇기 때문에 인성이 좋은 직원과 서비스 성향을 가진 직원 채용이 중요하다. 또한 이에 따른 관리가 중요하다. 기업체에서는 이러한 접점 직원의 관리를 위해 교육을 실시한다. 하지만 교육을 통해서 모든 사람이 변화될 수 있을까? 10년 이상을 기업체 사내에서 교육한 결과 교육을 통해서 모든 사람들을 변화시킬 수 없음을 종종 보게 된다. 그래서 채용에 있어서 좋은 직원을 뽑는 것이 중요하며 이를 잘 관리하는 것이 중요하다.

그렇다면 좋은 직원을 채용했다고 해서 고객들에게 좋은 서비스가 이루어질까? 이 또한 아니다. 접점에서 고객만족은 접점 직원의 응대서비스가 중요한 부분이나 응대서비스가 잘 이루어지기 위해서는 많은 요소가 필요하다. 그 중요한 부분 중 하나는 기업의 조직문화이다. 어떤 조직문화냐에 따라 좋은 자질을 가진 직원이 능력을 발휘하지 못하는 경우를 충분히 보아왔다. 상사의 강압적인 태도 및 분위기가 직원의 서비스 역량을 잘 발휘하지 못하도록 막을 뿐만 아니라 동기부여를 하지 못하게 한다. 잠재적 능력이 있음에도 불구하고 환경적인 요소로 인하여 충분한 동기부여가 되지 못하는 경우가 많다는 것이다. 참으로 아쉬운 부분이다.

나는 10년 이상을 금융기관과 유통기관의 현장 및 접점을 직접 찾아다니며 서비스의 문제점을 분석하여 교육을 실시하였다. 그리고 10년 이상을 조사한 결과 고객만족도(CSI) 점수가 낮은 점포 및 매장에는 반드시 문제점이 존재한다는 것을 알 수 있었다. 그 문제점 중 공통적인 하나는 그 지점의 분위기 또는 팀워크가 좋지 않았다는 점이다. 반대로, 고객만족도 점수가 좋은 지점은 일반적으로 분위기 및 팀워크가 좋다는 것을 알 수 있다. 과연 고객만족도 점수가 좋았기 때문에 분위기가 좋았을까? 전혀 그렇지 않다. 좋은 분위기가 고객만족도 점수에 영향을 주었으며, 좋지 않는 분위기는 분명히 고객만족도에 부정적인 영향을 주었을 것이다. 즉 내부고객만족은 외부고객만족에 영향을 미치게 된다.

내부고객만족이 조직의 문화로 잘 자리 잡게 되면 그 기업의 조직문화로 형성되게 된다. 이는 고객응대에 대한 만족을 넘어서 기업 경영 성과에 영향을 미치게 된다. 『문화가 성과다』(제임스 헤스켓, 2013)에서는 기업 조직문화의 중요성과 성과에 미치는 영향에 대한 내용에서 "기업의 조직문화는 성과에 영향을 미치게 된다"고 설명하고 있다. 요즘 많은 기업들이 이에 대한 중요성을 인식하고 조직문화에 많은 관심을 가지고 있다. 고객과 대면하는 접점에서의 인적 서비스도 중요하지만 근본적으로 기업에서 사람을 중요시하는 조직문화가 자리 잡게 하는 것은 서비스 기업에서 특히 중요하다고 할 수 있다.

## 리더가 중요한 이유 : 그녀가 직장을 그만둔 이유

오래 알고 지낸 지인이 직장을 그만두었다. 직장에 들어간 지 얼마 되지 않아 그만둔 이유를 물어보게 되었다. 이유인즉, 기존에 있던 부하직원과 윗 상사인 팀장이 한편이 되어 지인을 밀어낸 상황이었다. 그런데 그 부하직원은 사내에서도 유명했다고 한다. 그전에 함께 근무했던 직원들과 불화를 일으키며 모두 그만두게 만들었다는 것이다. 지인이 회사에 들어가자 다른 부서에 있는 모든 직원들이 그 여직원을 조심하라는 말을 했지만 도저히 그 여직원의 머리를 따라갈 수 없을 정도로 사람을 궁지에 몰아넣는 것에는 타고난 사람이었다고 한다. 그리고 그 여직원은 지인의 상사인 팀장에게 지인 때문에 회사에 못 다니겠다고 보고했다는 것이다. 하지만 그전에도 그런 일은 종종 있었다는 것이다.

그렇다면 왜 그 팀장은 그녀의 말을 듣고 그녀의 손을 들어줬을까? 팀장은 약점이 많은 사람이었다고 한다. 제때 출근하지 못하는 것은 다반사였으며 근무 중에는 중간에 사라지기 일쑤였고 연수원에 간다고 하고 회사에 출근하지 않는 경우도 많았다고 한다. 모든 팀원들은 그 사실을 알고 있어 앞에서는 팀장대우를 하였지만 이미 그를 신뢰하지 않은 지 오래되었다. 하지만 그에게 충성하는 직원이 있었으니 바로 그 여직원과 다른 남자 직원 딱 두 직원이 있었다고 한다. 그리고 팀장은 그들 두 명의 말이라면 모든 것을 들어주었다고 한다. 팀장에게는 자신의 허물과 약점을 모두 덮어주고 자신의 편에서 충성을 다해주니 고맙고 든든한 직원이었을 것이며 그들은 팀장의 약점을 이용하여 충성하며 그들의 실속을 차리는 것이었다.

맹구주산(猛拘酒酸)이란 말이 있다. '개가 사나우면 술이 시어진다'는 이 말은 고객만족에서 자주 비유되어 설명된다. 이야기는 다음과 같다.

옛날 중국에 술을 잘 빚기로 소문난 노파가 주막을 열었다. 홀로 주막을 운영하는 처지라 적적하여 주막 입구에 개 한 마리를 키우며 아주 귀여워했다. 주인의 귀여움을 독차지하던 그 개는 주막의 입구에서 낯선 사람들이 오면 무척 사납게 짖어대 손님들을 내쫓았던 것이다.

주막에는 고객이 찾아오지 않게 되었고 술은 팔리지 않아 막걸리는 시간이 지나면서 곧 시어버리게 되었다. 하지만 주인은 오지 않는 손님만을 탓했다고 한다. 여기서 '개가 사나우면 술이 신다'는 의미로 맹구주산(猛狗酒酸)이라는 말이 나오게 되었다.

맹구주산(猛狗酒酸)의 이야기처럼 기업에서는 상사에게 충성하는 부하가 고객을 내쫓는 경우가 종종 발생한다. 하지만 그 직원은 고객뿐 아니라 서비스 산업에서 가장 중요한 직원을 내쫓기도 하고 직원들의 갈등을 유발하며 조직문화를 흔들게 된다. 그리고 이러한 잘못된 충성스런 부하에게 빠질 수밖에 없는 리더가 존재한다. 잘못된 부하에게 빠질 수밖에 없는 리더는 자신의 약점과 결함이 있기 때문에 계속해서 그들을 의지할 수밖에 없으며 그래서 서비스 기업의 조직문화는 바르게 세워지지 못할 뿐 아니라 주막의 술이 시어지듯 그 기업의 인적 서비스, 조직문화, 상품의 질이 떨어지게 되면서 기업의 성장에 부정적인 영향을 미치게 될 수밖에 없다.

나의 지인은 그녀가 직장을 그만둔 이유에 대하여 한마디 덧붙였다.

"팀장이라는 사람이 허점이 많지 않으며 제대로 회사를 다니는 정상적인 사람이었다면 그리고 모든 것을 올바르게 판단할 수 있는 사람이었다면 본인이 그렇게 회사를 그만두지는 않았을 거"라고…

그녀의 말처럼 사나운 개가 손님을 쫓고 분위기를 해친다 하더라도 이를 바로잡을 수 있는 올바른 리더가 존재한다면 그 주막의 술은 시지 않을 것이다.

# ❗ 직원이 행복한 회사

미라이공업의 사람 중심 경영

"인간은 비용이 아니다. 또한 말도 아니다."

"채찍은 필요 없고 당근만 주면 된다."

이는 미라이공업 창업주 야마다 아키오 회장의 말이다.

미라이공업은 창사 이래 적자를 낸 적이 없는 기업으로 일본에서 업계 1위의 강소기업을 유지하고 있다. 미라이공업은 다른 회사와는 다른 특이한 규칙들이 있다. 직원을 무조건 정직원으로 고용, 영업할당량 금지, 시간 외 근무 금지, 상사의 부하직원에 대한 업무방식 강요 금지, 5년에 한 번씩 회사 부담 전 직원 해외여행, 연간 휴가 140일, 육아휴직 3년, 직원 평균연봉 600만 엔, 정년 70세 등이다.

이는 야마다 회장이 창업 때부터 회사의 성장은 사람에게 달려 있다고 생각하며 사람을 소중히 대하고 사람의 의욕을 불러일으키려고 노력한 데서부터 시작되었다. 이렇게 사람을 중요시하는 마인드는 기업의 목표에서도 잘 나타나고 있다. '사원이 기뻐하는 회사', 이는 미라이공업의 기업 목표다. 미라이공업은 일본에서 최우선시되는 것은 이익과 경쟁이 아닌 사원이라 말하고 있다. "사원이 행복해야 회사가 잘된다" "회사는 사장도 주주도 아닌 사원의 것"이라 말하고 있다. 미라이공업은 직원을 믿고 감동시키면 직원은 자기 자신을 위해 일하고 그것이 곧 회사의 성장으로 이어진다고 믿고 있다. 미라이공업의 직원들 역시 개인의 이익보다 회사를 발전시키고자 노력한다. 이는 회사의 수익이 많을수록 그 이익이 자신들에게 돌아간다는 것을 잘 알고 있기 때문이다.

사내 곳곳에는 '항상 생각한다!'는 문구가 곳곳에 붙어 있다. 이는 회사의 경영이념으로 미라이공업 제품 중 90%의 특허상품이 사원의 제안에 의해 만들어졌다고 한다. 이 또한 사람을 중요시하는 야마다 아키오 회장의 마인드에서 시작되어 실시되고 있다. 직원들의 창의성을 통한 상품이 개발되고 있는 것이다. 직원을 위한 사람 중심의 경영철학을 통해 직원과 회사가 함께 성장하며 직원들의 생각, 창의성을 통하여 특허상품을 개발하며 계속해서 발전하고 있는 것이다.

"막이 오르면 연기는 배우가 하는 겁니다. 기업도 마찬가지예요. 사원을 신뢰하지 않고 처음부터 끝까지 지시하려는 경영자, 사원을 자르고 수익이 개선됐다고 자랑하는 경영자는 가짜 경영자지요. 거기에는 사원의 행복도 기업의 미래도 없습니다." 미라이공업 창업자 야마다 아키오의 경영철학을 다시 한 번 생각해볼 필요가 있을 것이다.

하워드 슐츠 역시 사람 중심의 경영을 실천한 서비스 산업의 대표적인 경영자로 잘 알려져 있다. 스타벅스의 경영자 하워드 슐츠는 "우리 회사의 최우선 순위는 직원입니다. 그 다음 순위는 고객만족입니다. 직원이 행복하면 고객도 행복합니다. 직원이 고객에게 최상의 서비스를 제공하면 고객은 다시 찾아올 것이고 바로 이것이 사업 수익의 진정한 원천입니다"라고 말하며 '내부고객이 최우선 고객'이라는 사람 중심의 경영철학을 공개했다.

## 사람 중심 경영을 넘어 공유가치 창출
### : CJ그룹 & 히즈빈스 커피숍

CJ그룹은 포춘이 선정한 '세상을 바꿀 주목할 만한 혁신기업'으로 선정되었다. 이는 베트남에서의 사회공헌사업을 인정받아 CJ그룹의 신개념 경영전략인 'CSV(Creating Shared Value, 공유가치 창출)' 경영의 성과를 인정받았기 때문이다. CSV는 유한킴벌리가 "우리 강산 푸르게 푸르게"라는 모토로 환경보호에 앞장서면서 사회적 가치와 경영을 잘 조화시킨 대표적인 사례다. 공유가치(CSV)는 기업활동 자체가 사회적 가치를 창출하면서 동시에 경제적 수익을 추구하는 일련의 경영활동이다.

CSV 경영을 잘 실천하고 있는 사람 중심의 경영철학을 가지고 있는 커피숍이 있다. '향기 내는 사람들'의 히즈빈스이다. 히즈빈스는 정신질환 장애인들의 취업자리를 창출하기 위해 시작된 카페로 바리스타의 54%는 정신장애인으로 구성되어 있으며, 이들의 평균 근속기간은 3년 이상이라고 한다. 이들은 짧게는 3개월에서 1년 이상의 전문교육 후 정식 바리스타로 고용된다고 한다. 2009년 포항의 한동대 도서관에서 작은 커피숍으로 시작하여 포항에서만 7호점을 오픈할 정도로 7년 동안 계속적인 성장을 하고 있다.

히즈빈스의 임정택 대표는 진로와 취업 고민으로 방황하던 중 포항에서 가장 소외된 이웃을 찾아다니다 정신장애인에 대한 편견을 깨며 이들이 사회에 기여할 수 있다는 것을 세상에 보여주고 싶다는 생각으로 '향기 내는 사람들'을 설립하게 되었다.

히즈빈스는 정신장애인들의 지지자가 되는 네트워크 시스템을 운영하고 있다. 이는 지역의 다양한 전문가로 구성되어 정신장애인 1명을 전문가 7인이 도와주는 시스템으로 의사, 사회복지사, 카페 바리스타 및 매니저, 교수, 히즈빈스 대표, 대학생 서포터즈 등이 자원봉사로 참여하고 있다.

히즈빈스는 지난 11월 '제12회 세계 정신 사회재활협회 세계 학술대회'에서 한국의 대표적인 정신장애인 자립 모델 사례로 소개되었을 뿐 아니라 계속적인 성장을 이루고 있다. 또한 고용기회를 기다리는 다른 정신장애인들을 위하여 수익은 다른 매장 오픈에 재투자하고 있다고 한다.

# 02.
## 서비스,
## 고객경험을 만나다

# ❗ 소통하지 않으면 추락한다

성공적인 직장생활을 위해 꼭 필요한 능력은 무엇일까? 취업포털 잡코리아가 남녀 직장인 1,005명을 대상으로 설문조사를 실시한 결과 1위는 '대인관계능력'으로 46.3%를 차지했다고 한다. 2위는 스피치 능력(19.4%), 그 외의 답변으로는 업무 관련 자격증(10.5%), 전공지식(7.7%), 컴퓨터능력(6.6%) 등이 차지했다. 이처럼 대인관계능력은 성공적인 직장생활을 위해서 필수요건에 해당되며 조사결과처럼 그 중요성을 잘 인식하고 있다. 하지만 대인관계가 생각처럼 쉽지는 않다.

은행에서 지점으로 지점 컨설팅을 나갔을 때의 일이다. 컨설팅을 나가게 되면 지점의 고객만족도 점수에서부터 고객의 인터뷰, 모니터링 조사, 지점의 팀워크 등 여러 관점에서 지점의 문제점을 살펴보며 컨설팅을 하게 된다. 모 지점에 컨설팅을 나갔을 때의 일이다. 지점으로 들어서는 순간 지점의 분위기가 좋지 않다는 것을 느낄 수 있었다. 그 분위기는 친절도의 문제가 아니라 팀워크의 문제로 보였다. 무엇이 문제일까를 궁금해하며 직원에게 말을 거는데 갑자기 지점장님의 흉을 보기 시작한다. 잠시 후 지점장님께서 부르셨다. 지점장님은 직원들과 관계가 좋지 않다며 하소연을 하기 시작했다. 그 내용을 들어보니 직원들은 각각 개성이 강한 스타일이었으며 지점장님 역시 자신의 스타일을 소유하신 분이셨다. 지점직원과 지점장님과의 관계에 문제가 있었던 것이다. 참으로 안타까운 상황이었다.

성공적인 직장생활을 위해서 필요한 것은 무엇일까? 10년 이상의 직장생활을 하며 주변의 지인들을 보면 직장상사를 잘 만나는 것은 직장생활에서 중요한 부분이라 생각한다. 또한 반대로 부하직원을 잘 만나는 것 역시 중요할 것이다. 하지만 좋은 상사, 좋은 부하직원을 만나지 못했다면 어떻게 해야 할까? 방법은 좋은 관계를 맺기 위해 노력해야 한다. 즉 갈등과 오해를 풀 수 있는 소통을 해야 한다.

소통은 막히지 않고 잘 통하며 뜻이 서로 통해서 오해가 없는 것을 뜻한다. 직장인들을 대상으로 한 조사에서 "직장 내에서 커뮤니케이션이 힘들었던 적이 있었는가?"라는 질문에 90% 이상이 '예스'라고 답했으며 가장 힘들었던 순간에 대해서 '상사와 나의 의견이 다를 때'가 60.4%, 다른 팀과 업무를 진행할 때(16.1%), 메일로 업무 처리할 때(8.9%), 후배에게 업무지시를 할 때(6.1%), 팀 내 회의를 할 때(3.6%), 외부업체와 미팅할 때(2.9%), 기타(2.1%) 순으로 나타났다. 많은 직장인들이 소통에 힘들어하는 것을 볼 수 있다. 내 경우 역시 소통이 잘되면 일에서도 진척이 잘 이루어지지만, 소통이 안 되면 자신의 주장만을 내세우는 의견충돌은 물론이거니와 일이 쉽게 진척되지 않음을 느끼곤 한다.

세계적인 경영 대가인 말콤 글래드웰(Malcolm Gladwell)의 『아웃라이어』에 실린 "비행기 추락에 담긴 문화적 비밀(The Ethnic Theory of Plane Crashes)"에서 대한항공의 사례를 통해 소통의 중요성을 언급한다. 말콤 글래드웰은 1997년 8월에 220여 명의 생명을 앗아간 괌 추락사고의 원인에서 기장과 부기장 사이의 의사소통문제를 중요한 요소로 꼽았고, 소통이 안 된 원인은 '상하 간에 경직된 유교적 서열문화'에 있다고 언급했다.

피터 드러커는 "조직에서 발생하는 문제의 60%가 잘못된 소통에서 비롯된다"고 밝힌 바 있다. 소통의 부족과 왜곡이 문제의 원인이 된다는 것이다. 이는 인간관계에 있어서 소통의 문제가 단순히 사람과의 관계의 문제에서 끝나지 않으며 업무에까지 영향을 미치는 결과를 낳기 때문이다. 불행히도 우리나라 사람들은 자신의 생각과 감정을 효과적으로 표현하는데 서툴다. 또한 유교적인 서열문화에 의해 자신의 생각과 감정의 표현이 제한적이다. 그렇기 때문에 관계에서 더욱 어려움을 겪으며 업무에 부정적인 영향을 받는 경우가 많다.

앞에서 언급한 지점의 사례도 마찬가지다. 지점장님과 직원들 간에는 대화 및 소통이 부족했다. 그리고 많은 오해와 갈등이 존재했다. 과연 지점장님과 직원 간 관계의 문제로만 끝이 났을까? 그 지점의 경우 고객만족도 점수가 낮은 지속적인 하위점포였으며 기타 평가부분에서도 점수가 낮았던 것으로 기억한다. 지점장님과의 면담 이후 나는 직원들 간에 대화의 시간을 정기적으로 자주 가질 것을 제안하였다. 그리고 되도록이면 소통할 수 있도록 하며 그 방법에 대하여 조언하였다. 하루아침에 관계가 회복될 수는 없겠지만 지속적인 대화의 소통을 통해서 관계의 회복이 이루어질 수 있기 때문이다.

지점장님은 지점으로 방문해서 이야기를 들어주는 것만으로도 감사하며 앞으로 대화 및 소통을 많이 할 수 있도록 노력하겠다며 고맙다고 말씀해주셨다. 아마도 지점장님은 어떻게 해야 할지를 알고 계셨으나 나의 지점 방문을 통하여 변화의 시도를 시작하는 계기가 되었던 것 같다.

어떤 조직문화이냐에 따라 조직 소통이 다르게 나타나기도 한다. 괌 추락사고의 주요 원인이 의사소통의 문제로 특히 유교적 서열문화 속에 경직된 의사소통이 사고원인 중 하나로 밝혀졌던 것처럼 조직문화는 의사소통의 방법을 결정하게 되며 이는 곧 업무의 성과에 영향을 미치게 된다. 특히 우리나라는 상명하달식의 조직문화로 소통의 문제가 쉽게 나타날 수 있다. 그래서 요즘은 많은 기업들이 직급 폐지, '님' 호칭 등 수평적인 조직문화를 만들기 위한 노력들을 하고 있다. 물론 이에 따른 단점들도 있을 수 있겠지만 소통할 수 있는 조직문화를 만드는 것은 고객만족에도 분명 영향을 미치게 된다.

우리 기업의 조직문화는 어떤 소통방법을 가지고 있는가? 또한 우리 팀의 소통은 어떠한가? 그리고 나의 소통지수는 어떤가? 다시 한 번 살펴볼 필요가 있을 것이다. 한때 은행지점에서는 고객이 앞에 있는데도 불구하고 직급이 높다는 이유로 부하직원에게 반말을 서슴지 않았던 때가 있었다. 반말을 넘어서 업무처리에 실수했을 경우 큰 소리로 야단치며 무시하는 모습도 종종 눈에 띄었던 것이 사실이다. 물론 지금도 그러한 곳은 존재한다. 하지만 이런 작은 부분이 조직의 소통을 가로막을 수 있으며 우리 기업의 조직문화를 만들고 있다는 것을 기억해야 할 것이다.

*소와 사자가 있었습니다. 둘은 죽도록 사랑합니다.*

*둘은 혼인을 했습니다. 둘은 최선을 다하기로 약속합니다.*

*소가 최선을 다해서 맛있는 풀을 날마다 사자에게 대접했습니다.*

*사자는 풀이 싫었지만 참았습니다.*

*사자도 최선을 다해서 맛있는 살코기를 소에게 대접했습니다.*

*소도 괴로웠지만 참았습니다.*

*참을성은 한계가 있습니다. 둘은 마주앉아 이야기합니다.*

*소와 사자는 다투었습니다.*

*끝내 헤어지고 말았습니다. 헤어지며 서로에게 한 말은*

*"나는 최선을 다했다"였습니다.*

*소와 사자의 사랑.*

*죽도록 사랑했던 그들은 왜 헤어지게 되었을까요?*

# 기업의 성패, MOT에 경험을 더하라

"123고객님, 3번 창구에서 모시겠습니다!"

어렸을 때 은행에 가면 마이크를 통해 수시로 들려왔던 멘트다. 당시 은행창구의 대기인 수는 수십 명 이상이었으며, 고객들은 뚫어져라 창구를 바라보며 창구직원이 빠르게 고객응대를 하고 있는지 지켜보던 광경이 아직도 눈에 선하다. 그리고 나 역시 창구직원이 허튼짓을 하고 있는 것은 아닌지 감시하는 눈빛으로 바라보았던 기억이 난다. 다른 고객들이 그랬던 것처럼 말이다.

하지만 어느 때부터인가 창구가 한산해지기 시작하였다. 빠른 창구와 상담창구로 창구를 이원화하더니 창구를 바라보고 있던 대기석이 방향을 바꾸어 TV를 볼 수 있도록 대기방향을 바꾸기 시작하였다. 이렇게 창구를 바라보지 않고 TV를 볼 수 있도록 대기석을 바꾼 데에는 두 가지의 이점이 있다. 고객에게는 대기시간을 짧게 느낄 수 있도록 심리적 대기시간을 관리하는 숨은 의도가 있으며 직원에게는 고객의 시선에 대한 심리적 부담감을 줄일 수 있는 의도가 있었던 것이다.

은행창구의 서비스가 빠르게 변화한 만큼 병원도 은행만큼 빠르게 변화하고 있는 산업 중 하나다. 내가 기억하는 병원은 친절과는 거리가 멀었던 곳으로 병원에 가면 '000고객님'이란 호칭보다는 '00씨'로 불렸고 의사는 물론 간호사에게서도 친절을 찾아보기 힘들었다. 그러던 병원이 달라지기 시작했다.

1990년대 이후 급변하는 경제상황에 따라 병원산업도 무한경쟁의 환경에 처하게 되면서 '친절'하지 않은 병원은 생존하기 힘들어졌기 때문이다. 이에 많은 병원들이 친절하기 위해 노력하는 모습을 도처에서 발견하고 있다. 현재는 그 어떤 산업 못지않게 빠르게 변화하며 서비스의 트렌드를 주도하고 있다. 모든 병원에서 차량번호 인식 시스템은 물론이거니와 대기번호 시스템 등 최첨단 서비스를 활용하고 있으며 대기시간 관리 등 각각의 MOT에서 고객경험을 통한 고객만족을 위해 여러 노력들을 하고 있다.

이렇듯, 서비스 산업에서 MOT 관리는 중요하다

고객이 기업을 접하게 되면서 느끼는 모든 순간순간을 MOT라고 한다. 이 MOT를 통해서 고객은 그 기업에 대한 이미지를 결정하게 된다. MOT(Moment of Truth)는 스페인 투우경기에서 진실의 순간을 의미하는 단어로 투우사가 돌진하는 소의 급소를 찌르는 찰나의 순간을 말하는 것이다. 피할 수 없는 순간! 실패가 허용되지 않는 중요한 순간인 'Moment De La Verdad'에서 유래되었다.

스웨덴의 마케팅 학자 리처드 로만에 의해 학계에서 서비스 품질과 관련하여 MOT라는 용어를 처음으로 사용하게 되면서 MOT의 중요성을 인식하기 시작하였다. 그리고 스칸디나비아항공사의 얀 칼슨에 의해 산업현장에 도입되어 그 실용성을 입증하게 된다. 1970년대 항공산업은 석유파동으로 인하여 어려움을 겪는 상황이 벌어지면서 스칸디나비아항공 역시 적자경영으로 고심하던 중 얀 칼슨이 사장으로 취임하게 되면서 MOT 경영을 접목하기 시작한다. 얀 칼슨은 고객이 항공사를 접촉하면서 15초 안에 항공사의 이미지를 결정하게 된다는 사실을 깨닫게 되며, 이 15초가 기업의 이미지를 좌우하면서 기업의 성패를 결정지을 것이라 확신하여 MOT 경영을 도입하게 된다. 고객이 접하는 모든 접점을 대상으로 MOT를 개선하며 MOT 경영을 도입한 이후 스칸디나비아항공은 1년 만에 800만 달러의 적자로부터, 7,100만 달러의 흑자로 전환시키면서 적자경영에서 흑자경영으로 전환되었다.

MOT는 기업의 성패를 좌우할 수 있는 만큼 고객이 접하는 모든 접점에서의 관리는 매우 중요하다. 고객이 10번의 접점에서 만족했다 하더라도 단 한 곳의 접점에서 불만을 느끼면 고객은 결국 그 기업에 좋지 않는 이미지를 갖게 되며 불만족으로 남게 된다. 바로 곱셈의 법칙이 작용하기 때문이다. 10-1=9가 아니라 0이 된다는 점이다. 1번의 불쾌감이 10번의 만족감을 ZERO로 만들 수 있는 만큼 모든 접점에서의 관리의 개선은 필요하다 할 수 있다. 과거 많은 기업체에서 MOT의 중요성을 인식하면서 많은 개선이 이루어져 왔으며 MOT경영을 실시해 왔다.

이에 한 걸음 더 나아가 접점에서 고객만족의 관리를 넘어 고객경험의 중요성이 더해지고 있다. 이에 각각의 MOT에 대한 문제점을 분석하고 개선하는 것을 넘어 각각의 접점에서 고객에게 긍정적인 경험을 전달할 수 있는 전략이 필요하게 된 것이다. 고객이 접하는 접점, 즉 터치 포인트를 통해 고객을 위한 환경적인 요소와 함께 커뮤니케이션, 시스템 등 고객과 접촉하는 모든 부분에 대하여 고객경험을 전달함으로써 최대의 만족을 이끌어낼 수 있어야 한다. 또한 접점 중 고객에게 최대의 만족을 줄 수 있는 터치 포인트를 발견하여 만족의 극대화를 위한 전략을 세워야 할 필요가 있으며 특별히 불만족한 접점을 찾아 이를 개선해야 한다.

이를 서비스 디자인 측면에서 여러 가지 도구들을 이용하여 고객의 경험을 진단하며 이를 향상시키기 위한 노력을 하게 된다. 이를 통해 고객에게는 긍정적인 경험을 통한 기업의 이미지가 강력하게 형성된다. 곧 접점에서 이루어지는 경험들을 통해 서비스의 만족을 넘어 기업 브랜드 이미지까지 영향을 미치게 된다.

은행에서는 대기 시 시간 및 공간의 새로운 경험을 위하여 TV를 볼 수 있도록 시도하였다. 또한 어느 음식점에서는 대기하는 동안 장난감을 고객에게 주어 맞추면 추가 서비스를 주고 있다. 이 역시 대기시간의 터치 포인트를 놀이라는 행위를 통해 재미의 경험을 더하는 예가 될 수 있다. 모 미용실의 경우 과거의 미용실과 달리 머리를 하는 독립된 공간으로 꾸며놓은 것을 볼 수 있다. 이 또한 머리를 시술하는 접점에서 오로지 자신에게만 집중하는 터치 포인트를 통해 색다른 경험을 느끼게 하고 있다.

또한 고객이 느끼는 복잡한 프로세스를 고객의 관점에서 최대한 효율적으로 프로세스화하는 등 고객의 접점을 재디자인함으로써 고객에게는 편의를 제공하게 된다. 이러한 터치 포인트의 활용은 고객으로 하여금 그 기업에 대한 새로운 인식을 갖게 하면서 긍정적인 영향을 미치게 하는 결과를 가져온다.

# 불만을 터뜨린 이유, 프로세스를 점검하라

내가 자주 다녔던 피부과에서의 일이다.

햇빛을 보면 바로 기미가 생기는 얼굴이라 기미치료를 받는 데 패키지 10회로 가격이 꽤 저렴했던 것으로 기억한다. 10회 중간에는 지정된 회차에 각각 다른 특수한 서비스를 받게 되어 있었다. 고객입장인 나로서는 몇 회차에 어떤 서비스를 받는지 정확히 기억하지 못해 병원 측에서 해주는 대로 서비스를 받던 어느 날이었다. 병원은 5층과 6층 두 개 층을 사용하고 있었는데 일반적으로 5층에서 상담 및 치료를 받고 6층에서 서비스를 하게 되어 있었다. 다른 날과 똑같이 6층에서 서비스를 받고 5층에서 상담을 할 예정이었다. 그런데 옷을 갈아입었더니 일단 5층으로 내려가라고 한다. 한참을 기다렸다가 5층에서 상담을 받고 다시 6층으로 올라가라 해서 6층에서 서비스를 받고 다시

5층으로 내려가라 해서 5층으로 내려가 치료를 받았다. 그리고 옷을 갈아입기 위해 6층으로 올라왔다. 5층과 6층 사이를 4번이나 오고 간 셈이었다.

당시 나는 컨디션이 좋지 않은 상태였기 때문에 계단을 오르내리는 게 힘이 부친 상태인지라 다른 날과 달리 짜증이 나기 시작했다. 그래서 왜 이렇게 사람을 돌리느냐고 따져 물었던 기억이 난다. 병원 측에서는 그제서야 죄송하다며 외부 예약 고객이 있어 먼저 서비스를 해야 했기 때문에 다른 날과 달리 먼저 상담을 하도록 하다 보니 이런 결과가 되었다는 것이다. 하지만 고객 입장에서는 너무 짜증이 날 수밖에 없는 상황이었다. 내 입장에서는 짧은 프로세스로 끝낼 수 있는 치료를 왔다 갔다 하며 시간과 에너지를 낭비했으며 다른 고객 때문에 괜히 피해를 봤다는 생각이 드니 너무 기분이 좋지 않았다. 또한 병원 입장에서 자신들의 편의에 따라 특히나 컨디션이 좋지 않은 나를 더욱 힘들게 했다는 생각까지 드니 더욱 억울한 느낌이 들었다. 그래서 나는 불만을 말하기 시작했다.

나는 과연 뭐라고 불만을 터뜨렸을까? 단지 사람을 왜 이렇게 왔다 갔다 힘들게 하냐고 불만을 터뜨렸을까? 그렇지 않다. 그때 난 병원 서비스 품질에 트집을 잡기 시작했다. 프로세스의 불편함과 함께 왜 치료를 하는데 기미가 없어지지 않으며 왜 더 진해졌냐고 항의를 하게 된 것이다. 물론 그런 항의를 할 생각은 처음에 전혀 없었다. 하지만 단지 프로세스의 불편함이 그냥 지나칠 수 있는 서비스의 품질까지 언급하며 항의를 하게 만든 것이다. MOT의 프로세스가 완전하게 정착

되지 못하면 고객은 프로세스의 복잡함으로 불편함을 느끼게 되며 그 불만은 더욱 커질 수 있는 것이다. 그리고 가장 핵심적인 상품에까지 의심을 하며 불만을 갖게 된다.

다행히 병원 측은 나의 불만에 대하여 경청하며 차분히 설명해주었다. 여름에는 기미가 더 올라올 수 있으며 여름이 지나면 기미가 연해질 수 있다고 했다. 어쨌든 불만을 터트리자 병원도 그들의 잘못을 충분히 이해하고 미안한 마음에 서비스를 5회나 더 해줬던 기억이 난다. 나는 그들이 나의 불만을 잘 들어주는 경청의 자세에 그나마 화가 조금 풀렸으며 추가 서비스를 바라고 항의를 하지 않았으나 추가된 서비스에 만족해했던 기억이 있다. 그리고 실제로 여름이 지나자 병원 측의 말처럼 기미는 조금씩 더 연해지기 시작했다.

이처럼 고객이 서비스를 받기 위해 최초의 접점을 접한 이후 끝날 때까지의 모든 접점을 연속적으로 경험하게 되는데 이 과정의 연쇄를 '서비스 사이클(service cycle)'이라고 한다.

피부과에서의 서비스 사이클이 다소 복잡하게 진행되어 나는 불편함을 느꼈으며 서비스 품질에 대한 불만까지 이어지는 결과를 가져왔다. 일반적으로 고객들은 서비스 사이클이 짧고 단순할수록 만족하게 되며 서비스 사이클이 길거나 복잡하면 불만을 나타내며 불만족하게 된다.

예를 들어 서비스 사이클의 복잡함이란 자동차보험을 들어 사고가 났는데 사고 접수에서부터 처리까지의 과정이 여러 단계를 거치거나 복잡하게 되는 상황을 의미한다. 또한 은행에 가서 대출을 받으려고 하는데 어떤 창구에서 받아야 하는지 헷갈리는 경우를 의미하며 인터넷에서 물건을 구입하여 환불을 하려는데 환불하기까지의 채널이 너무 복잡할 경우, 그리고 특이한 상황을 요청할 경우 바로바로 진행이 되지 않으며 더디게 이루어지는 경우가 이에 해당될 수 있다.

실제로 모 운송전문회사의 경우 복잡한 프로세스로 고객들의 불만이 많았지만 이를 해결하기 위하여 적극적으로 조사를 하며 고객들에게 편리함을 제공하기 위한 프로세스의 개선을 실시했다고 한다. 전산시스템을 새롭게 구축하는 등 직원 위주의 프로세스가 아닌 고객 중심의 프로세스로의 개선을 통해 이전보다 고객들의 불만이 눈에 띄게 줄어들었으며 만족도는 높아졌다는 얘기를 들은 적이 있다.

서비스 사이클은 고객이 그 기업을 방문하여 서비스를 받기까지의 연쇄적인 과정으로 전체적인 프로세스상에서 서비스에 대한 문제점을 분석할 수 있으며 고객을 위한 편리성 및 색다른 경험 등을 추가적으로 고려하는 데 도움을 줄 수 있다. 하지만 서비스 사이클에서 직원 중심이 아닌 고객 중심의 프로세스로 이루어졌을 때 고객은 만족하게 되며 각각의 모든 접점에서 만족되어야 고객은 만족한다는 것을 잊지 말아야 할 것이다.

# 떠날 준비가 되어 있는 고객, 하지만 붙잡아주기를 바란다

사람의

마음은 간사해서

수많은 좋았던 기억들보다…

단 한 번의 서운함에 오해하고

실망하며 틀어지는 경우가 참 많아요…

서운함보다 함께한 좋은 기억을

먼저 떠올릴 줄 아는 현명한 사람이 되세요.

– 어떤 하루… 중에서 –

지인이 고급 일식집을 운영하고 있었는데 몸이 좋지 않아 2개월가량 병원에 입원하는 상황이 되었다. 그래서 일식집 관리를 초창기 멤버이자 서로 신뢰하며 지냈던 주방장에게 맡기게 되었는데 퇴원하고 나니 그동안 일했던 것에 대하여 생색을 내며 다른 곳으로 옮겨야겠다고 했다는 것이다. 그것도 주방에서 일하는 6명 중 3명이 동시에 그만둔다는 통보를 받은 것이었다. 지인은 병원에서 퇴원하여 이제 막 돌아왔는데 갑자기 믿고 신뢰하며 지내던 8년을 함께 지낸 주방장과 요리사가 그만둔다고 하니 참으로 허망함을 느끼고 있던 차에 얼마 후 더 충격적인 얘기를 들었다고 한다. 그들이 동시에 그만둔 이유가 지인의 일식집에서 함께 파트타임으로 일했던 직원이 오픈한 레스토랑으로 가기 위해서였다는 것이다.

내 일이 아니지만 듣고 있던 사람들 모두 분괴를 느끼게 하는 이야기였다. 하지만 외식업계에서는 이런 경우가 종종 있다고 한다. 그리고 이런 경우까지 오게 된 데는 2개월간 병원에 입원해 있었던 것이 계기가 된 것 같다는 얘기를 했다. 입원 전에는 너무나 사이가 좋았으며 믿고 의지하는 막역한 사이였지만 입원해 있던 2개월간 얼굴을 매일 보지 못하자 관계의 틈이 조금씩 벌어지기 시작하며 이런 일이 일어난 것 같다고 했다.

2개월의 시간이 믿고 의지하던 8년간의 함께 지낸 시간을 무색하게 만들어버린 사실이 참으로 안타까웠다. 물론 모든 직원들이 이렇지는 않겠지만 관계의 중요성을 다시 한 번 생각하게 되었다. 10번을 잘했더라도 1번의 실수로 관계가 끊어질 수 있는 게 인간관계이며 10년을 잘 지내다가도 한 달의 소원함이 그동안의 시간을 무색하게 만들 수 있다는 것이다. 이는 직원과의 관계에서뿐만 아니라 우리의 인간관계에서도 종종 발생하게 된다. 하물며 고객의 경우는 말할 필요가 없을 것이다. 고객이 언제나 우리의 기업을 찾는다는 보장은 없다. 그들은 언제든지 떠날 준비가 되어 있으며 더 좋은 곳을 물색하는 사람들이다.

레스토랑을 운영하는 친구가 있다. 그런데 얼마 전부터 고객이 예전 같지 않다고 한다. 이유인즉, 친구의 레스토랑 근처에 대기업 뷔페 레스토랑이 들어오는 바람에 그 지역의 작은 외식업들이 타격을 받고 있다는 것이다. 나 역시 그 대기업 레스토랑을 다녀왔지만 그 여파가 친구의 레스토랑까지 미치는지는 몰랐다. 하지만 내가 다녀왔던 것처럼 모두 다 한번쯤은 어떤 곳인지 가보고 싶은 생각이 들며 더 좋은 곳, 더 새로운 곳, 무언가 색다른 곳으로 찾아 나서게 된다.

의료계에서는 이미 이 병원 저 병원을 비교하며 찾아다니는 환자를 일컬어 '의료 쇼핑족'이라는 용어를 사용하고 있다. 물론 이렇게 쇼핑하는 환자가 생겨난 데에는 의료의 질 등 여러 가지 이유가 있겠지만 이전의 고객들과는 분명한 차이가 있다는 것을 알 수 있다. 나 역시 그런 경험이 있다. 배가 아파 병원에 갔는데 내 딴에는 심각한 병에 걸린 줄 알고 병원을 찾았다. 그런데 의사선생님은 가볍게 한번 눌러보더니 변비 때문이라는 것이다. 그러면서 약처방을 해주었다. 나는 병원을 나왔지만 도저히 믿을 수 없었다. 그리고 얼마 후 다른 병원에 갔다. 물론 같은 결과가 나왔지만 그럴 리가 없다면서 정확한 진단을 하고 싶다고 말했으며, 초음파 촬영 등 여러 기구를 통해 검사를 받았다. 물론 진단결과는 같았다.

그럼 난 왜 처음 병원에서의 진단결과를 신뢰하지 못했을까? 내 생각에는 아픈 증상에 비해 아무런 설명 없이 너무 가볍게 말하는 모습과 고개를 갸우뚱하며 그럴 리가 없다는 나의 태도에 의사선생님은 자신의 진단에 대한 확신을 심어주지 않았기 때문이다.

요즘은 인터넷 등으로 고객이 많은 정보를 습득하게 된다. 그래서 사전에 자신이 원하는 지식과 정보를 가지게 되며 그에 맞지 않다고 판단되면 신뢰하지 않으려는 경향이 있다. 예전과 달리 전문가의 말을 그대로 믿고 신뢰하지 않는다는 것이다. 좀 더 신뢰할 수 있는 설명과 액션 등을 통해 납득시킬 수 있어야 한다.

그렇지 않다면 이미 떠나고자 준비되어 있는 고객에게 다른 곳으로 떠날 것을 부추기는 셈이 될 것이다. 또한 고객에게 신뢰감을 줄 수 있을 뿐만 아니라 더 나아가 우리 기업과 계속적인 관계를 맺을 수 있는 고객으로 만들 수 있어야 한다. 고객은 쉽게 옮길 수도 있지만 또한 기업이 자신을 붙잡아주기를 바라기도 한다. 여자의 마음은 흔들리는 갈대라고 하지 않았는가! 고객은 여자의 마음과 같이 흔들리는 갈대와 같다. 이를 붙잡아줄 수 있어야 한다. 이를 위한 방법 중 하나로 많은 기업에서는 고객관계관리(CRM)를 하고 있다.

내가 아는 분은 모 회사에서 근무한다. 그분은 본사에서 근무하다 지점으로 발령이 나서 고객들과 열심히 소통하며 몇 년 동안 꽤 많은 인맥을 쌓아 많은 고객들과 좋은 관계를 맺으며 좋은 성과를 거두고 있었다. 그런데 어느 날 발령이 났다. 다른 지점으로 승진하여 갑작스럽게 가게 된 것이다. 갑작스런 발령에 마지막 인사도 하지 못한 채 떠나게 되었는데 그 이후 고객들의 불만이 빗발쳤다고 한다. "어떻게 인사도 하지 않고 떠나느냐"는 불만에서부터 서비스 품질에 대한 불만까지 다양한 불만이 쏟아졌다고 한다. 주기적으로 관계를 맺으며 계속해서 관리받던 고객들이 관리받지 못하게 되자 만족하지 못한 부분이 불만으로 이어지는 결과를 보여준 것이다.

고객들은 언제나 떠날 준비를 하고 있다고 해도 지금 당장은 관심을 받고 싶어 하며 붙잡아주기를 바란다. 또한 관리의 대상이 되고 싶어 한다. 이러한 니즈를 기업이 캐치하지 못하면 이는 불만으로 나타나게 되며 자연스럽게 고객은 떠나가게 된다. 언제, 어떤 상황에서든지 계속적인 고객과의 소통 및 관리는 필요하며 중요한 부분이라 할 수 있다.

CRM(Customer Relationship Management)은 고객관계관리를 의미한다. 기업이 마케팅을 위하여 지속적으로 고객과의 관계를 유지하며 커뮤니케이션하는 마케팅 방법이다. 예전의 CRM이 기업 중심에서 무조건적인 상품의 홍보 및 마케팅을 염두에 둔 것이었다면, 현재는 고객의 소비이력을 통하여 개개인의 다양한 욕구와 니즈에 맞춘 CRM을 통해 고객에게 더욱 깊이 다가가고 있다. 특히 신규고객보다 기존고객에게 하는 마케팅비용이 훨씬 적게 들며 큰 이득을 볼 수 있다는 점에서 CRM을 효과직으로 이용하고 있다.

많은 기업들이 CRM을 활용하여 고객을 유인하고 있는 만큼 우리 기업만의 차별화된 CRM 방법의 모색이 필요하다. 그리고 각 고객의 욕구와 니즈에 따른 CRM을 통해 우리 기업의 영원한 고객으로 그들을 붙잡을 수 있어야 할 것이다.

# 할리데이비슨에는 HOG가 있었다. CRM으로 감성을 자극하라

## 리츠칼튼의 '미스틱 시스템' & 'WOW 서비스'

고객관계관리 및 서비스 등으로 많은 고객에게 감동을 주는 곳이 있다. 리츠칼튼 호텔이다. 리츠칼튼은 직원에 대한 존중을 통해 외부고객서비스를 실천하는 대표적인 서비스 기업이다. "We are ladies and gentlemen serving ladies and gentlemen(우리는 신사숙녀를 모시는 신사숙녀다)"은 리츠칼튼의 모토다. 이 모토를 토대로 내부고객과 외부고객에게 존중감을 표현하며 연간 100시간이 넘는 교육을 통해 최고 품질의 서비스를 제공하고 있다.

또한 리츠칼튼은 고객에 대한 세심한 서비스로 잘 알려져 있다. 바로 데이터베이스를 활용하여 서비스 현장에 적용하는 시스템이 잘 정착되어 있는 것이다. 고객에 대한 정보를 미스틱 시스템(고객관계관리 소프트웨어)에 입력하게 되어 있으며 이 정보를 모든 리츠칼튼과 직원이 공유하게 되어 있다. 직원은 고객의 여행목적, 기념일, 고객의 기대, 고객이 선호하는 생수, 좋아하는 음식 등의 정보를 저장하게 되어 있으며 이는 서비스 현장에서 최고의 서비스로 전달된다. 또한 고객에게 불만이 생길 경우 이를 최고의 기회로 만들 수 있도록 데이터베이스를 활용하여 다른 직원에게 전달함으로써 잘 대응할 수 있도록 한다. 모든 상황에서 민감하게 반응하고 서비스를 함으로써 고객에게 최고의 만족을 전달하고 있는 것이다. 또한 리츠칼튼은 WOW를 전달하고 있다. WOW는 고객이 '와우~'라는 탄성을 자아낼 정도의 기대이상의 서비스를 말한다. 이는 고객에게 잊지 못할 특별한 경험을 선사하게 된다.

고객의 잊지 못할 특별한 경험은 재방문으로 이어져 충성고객으로 만들게 된다. 그들은 SNS를 통해 기업을 홍보하기 시작하며 충성 팬이 되어간다. 매킨지에서 발행한 「소비자 행동 조사 보고서(The Consumer Decision Journey)」에 따르면 기업이 주도하는 마케팅이 고객들의 적극적 구매 평가 시점에 미치는 영향력은 3분의 1에 불과하며, 오히려 인터넷상의 사용 후기나 지인들의 추천 등이 훨씬 큰 영향력을 행사하는 것으로 나타났다. 이처럼 충성고객은 기업생존에 절대적인 역할을 하게 되며 기업 성장에 촉매제 역할을 하게 된다. 『로열티 경영』의 저자 프레더릭 라이히헬드의 연구에 의하면 산업마다 차이는 있지만 고객유지율이 5% 높아지면 수익률이 최소 20~90%까지 상승한다고 하며 고객로열티와 고객유지율이 높은 기업이 상대적으로 높은 수익성과 빠른 성장을 보이게 된다고 기술한 바 있다.

## 할리데이비슨의 HOG

충성고객이 브랜드 강화에 결정적 역할을 한 기업으로 할리데이비슨이 있다. 할리데이비슨에는 전 세계 100만 명 이상이 가입한 할리오너스그룹(Harley Owners Group: 호그)이 있다. 호그(HOG)는 할리데이비슨의 강력한 마니아층으로 할리데이비슨이 재정적으로 어려웠을 때 빛을 발하게 된다. '호그(HOG) 랠리' 모터사이클 투어링 행사를 개최하는 등 여러 활동으로 회사를 살리기 위해 노력하였으며 회사의 제품을 꾸준히 구매, 입소문 등을 통해 회사의 마케팅 역할을 톡톡히 해내게 된다. 1980년대에 파산위기까지 처했던 할리데이비슨은 그들의 충성고객인 호그(HOG)를 통해 위기를 넘기며 안정적으로 운영되어 계속적인 성장을 이루게 되었다. 지금의 성공비결은 호그가 있었기 때문이라 해도 과언이 아니다.

이렇듯 기존 고객의 고객관계관리, 그리고 충성고객은 신규고객을 위한 마케팅비용에 비하여 작은 비용으로 마케팅이 이루어지게 되며 최대의 효과와 함께 기업의 수익률에도 큰 영향력을 미치게 된다. 또한 로열티가 강한 충성고객은 기업의 성장에 큰 영향을 미칠 수 있는 만큼 우수고객을 위한 관계관리는 더욱 중요하다고 할 수 있다. 하지만 CRM은 단순히 기업의 홍보를 위한 마케팅이 아니어야 할 것이다. 이를 통해 단순히 기업의 홍보가 아닌 고객의 감성을 자극하는 마케팅의 방법과 감성 서비스로 다가간다면 고객들은 더 큰 감흥으로 기업의 긍정적인 이미지를 기억하게 될 것이다.

아시아나는 '느리게 가는 편지'를 운영하고 있다. 이는 잊고 있던 아날로그 감성을 자극하며 고객의 참여를 통해 호평을 받고 있다. 기내에서 서비스를 신청하면 특별히 제작된 편지지, 봉투, 엽서, 스티커 등이 제공되며 고객들은 이를 이용하여 편지를 쓰게 된다. 승무원들은 고객이 쓴 편지를 회수하여 6개월 뒤에 발송하게 되는데 6개월 뒤에 받아보는 연인, 가족, 친구, 또는 자신에게 쓴 편지 등은 특별한 경험과 추억으로 남게 된다. 이러한 경험을 아시아나와 함께함으로써 아시아나항공에 대한 긍정적인 이미지를 더하게 된다.

아는 강사님은 모 기업에 교육을 다녀오더니 자랑을 늘어놓는다. 얘기를 들어보니 참으로 부러운 내용이었다. 일반적으로 교육 때 교육담당자는 교육했다는 증거로 보고용 사진을 찍게 된다. 그리고 친절한 교육담당자는 교육이 끝난 후 보고를 위한 사진을 정리하면서 담당강사에게 메일로 사진을 보내주는 경우가 종종 있다. 물론 모든 교육담당자가 그렇지는 않기에 사진을 메일로 보내주면 참으로 고마워한다. 그런데 이분의 경우는 교육담당자가 사진을 직접 인쇄하여 액자에 끼워서 우편으로 보내주었다는 것이다.

이는 강사에게는 잊지 못할 선물이 될 것이며 두고두고 볼 수 있는 것으로 사진을 볼 때마다 뿌듯함을 느끼게 될 것이다. 이는 참으로 자랑할 만한 내용이었고 나로서는 마냥 부러워하며 듣고 있는데 어느새

이야기는 그 기업의 좋은 점에 대하여 칭찬하는 분위기로 변하기 시작한다. 조직문화에서부터 그 기업이 판매하는 상품까지 완전히 그 기업의 충성고객이 되어버린 느낌이었다. 그 기업은 교육담당자의 액자에 끼워준 사진 덕분에 영향력 있는 강사로 하여금 많은 이들에게 그 기업을 소개하는 마케팅 효과까지 얻게 된 셈이다.

이렇듯 충성고객은 그 기업의 상품을 소비하는 고객에서 홍보하는 마케팅의 역할까지 하게 된다. 그리고 위기 때에는 그 기업의 든든한 지원자가 되어준다. 이렇듯 CRM은 충성고객을 양성하며 그 기업의 긍정적인 이미지를 더하게 된다. 기업의 긍정적인 이미지를 알리는 데 성공한 기업은 그 기업만의 차별화된 CRM 방법이 존재한다. 그리고 그러한 CRM에는 반드시 감성을 자극하는 요소가 존재하며 이를 통해 고객을 사로잡게 된다.

내가 아는 어떤 분은 문자로 꾸준히 안부인사를 전하신다. 그분과는 한 모임에서 처음 뵙게 되었는데 현재는 그 모임이 해체되어 그분의 얼굴을 뵌 지 몇 년이 지났다. 그럼에도 불구하고 계속해서 문자를 받을 때는 언제나 변치 않는 모습에 신뢰감을 느끼곤 한다. 기업이든 사람이든 언제나 변하지 않으며 계속적인 관계를 맺는다는 것은 쉽지 않은 일이다. 하지만 지속적인 관계를 위한 노력은 꾸준히 이어질 수 있으며 이러한 노력의 모습은 상대방에게 감동과 신뢰감을 전달하게 된다. 그리고 자신만의 차별화된 방법은 상대방의 감성을 자극하여 더욱 신뢰하게 만든다. 그러한 노력을 통하여 관계는 이어질 수 있을 것이다.

# 고객의 숨겨진 니즈를 충족시켜라

맹구의 잃어버린 열쇠 찾기 이야기가 있다. 맹구가 한밤중에 가로등 밑에서 열쇠를 찾고 있었다. 이를 보던 사람이 마지막에 열쇠를 잃어버린 곳이 어디냐고 물었더니 맹구가 운동장에서 잃어버렸다고 대답했다. 그렇다면 열쇠를 잃어버린 운동장에서 찾아야지 왜 가로등 밑에서 찾느냐고 물었다. 이에 맹구는 운동장이 어두워서 찾을 수 없기에 가로등 밑에서 찾고 있다고 대답했단다.

우리는 흔히 내가 익숙하다는 이유만으로 나의 방법과 방식으로만 문제를 해결하려 한다. 하지만 내가 편한 방식으로 문제를 풀기보다는 근본적인 문제가 무엇인지에 대하여 집중했을 때 문제는 쉽게 해결된다. 서비스에서도 마찬가지다. 내가 생각하는 서비스가 아니라 고객이 무엇을 원하는지 정확한 니즈를 파악하고 그에 맞는 서비스를 제공할 때 고객은 만족한다.

## 시술비를 받지 않는 미용실

강남의 모 미용실은 10년 전부터 참으로 인상적이었다. 그 미용실에는 머리하는 고객들을 위하여 간단하게 먹을 수 있는 김밥, 떡볶이, 볶음밥 등을 준비해 놓는 등 고객만족을 실천하고자 노력하는 미용실임을 금방 알아차릴 수 있었다. 난 가끔 그 미용실을 찾아가곤 했는데 그날은 파마를 하기 위해 찾아갔었다. 상담을 받는데 디자이너 선생님이 현재 머릿결은 파마를 하면 웨이브가 잘 안 나올 수 있다고 했다. 미리 짐작했기 때문에 그러냐며 매우 아쉬운 표정으로 잠깐 고민을 하고 있었다. 만약 파마가 안 된다면 머리를 자르고 뭔가 변화를 주고 싶었다. 나의 아쉬운 마음을 캐치한 디자이너 선생님은 나에게 깜짝 놀랄 만한 제안을 했다.

"고객님~ 지금 파마를 너무 하고 싶은 것 같은데, 제가 파마를 하고자 하는 고객님들의 심리를 잘 알거든요. 여자들은 원래 그렇거든요. 오늘 꼭 머리를 해서 기분전환을 하고 싶으신 거잖아요? 오늘 비가 와서 아마 더 그러실 거라 생각합니다. 제가 그 마음을 잘 압니다. 제가 오늘 웨이브가 안 나올 것을 감안하고 그래도 괜찮으시다면 파마를 해드리겠습니다."

"그리고 만약 파마가 잘 나오지 않으면 시술비를 받지 않겠습니다."

순간 내 귀를 의심했을 정도다. 아무리 서비스가 뛰어나고 고객만족을 위해 노력한다지만 어떻게 이렇게 고객의 마음을 잘 캐치할 수 있을까? 그리고 파마가 잘 나오지 않았을 경우 돈을 받지 않겠다는 말을 들었을 때는 내 귀를 의심할 정도였다. 결국 그날 파마는 잘 나오지 않았으며 그 디자이너 선생님은 미리 약속했으니 시술비는 받지 않겠다며 실제로 받지 않았다.

난 그 미용실을 다녀온 후 한동안 많은 사람들에게 이 얘기를 하며 소개해줬던 기억이 난다. 그리고 그 디자이너 선생님의 서비스가 한동안 내 마음에 자리했던 기억이 난다. 물론 비용을 받지 않았던 부분도 감동이었지만 그보다 파마를 하고 싶었던 나의 심리를 너무 잘 캐치하며 공감해줬던 것이 나에게는 참으로 신선했었다. 여자가 미용실에 가는 이유는 단순히 머리를 하기 위한 목적도 있지만 뭔가 새로운 변화의 마음을 다지기 위해 갈 수도 있으며 기분전환을 위해 갈 수도 있다. 특히, 비오는 날 여자들이 머리를 하는 이유에 대하여 기분전환이라는 심리를 간파하며 고객도 인지하지 못했던 니즈를 충족시켜 주었던 것이다. 나는 그 당시 파마가 잘 나오거나 예쁜 헤어스타일을 위해 머리를 하고 싶은 것이 아니었다. 단지 헤어스타일을 통해서 기분전환이 필요했던 것이며 이를 간파한 디자이너 선생님은 기분전환에 확실한 효과를 줄 수 있는 파마머리를 만들어줬던 것이다. 이러한 고객의 심리를 잘 간파하며 그에 맞는 적절한 응대를 할 때 고객은 큰 만족과 감동을 받게 된다.

## 고객도 몰랐던 니즈

엘리베이터로 유명한 오티스에서 있었던 일이다. 엘리베이터를 설치하던 초창기에 엘리베이터 속도가 너무 느리다며 엘리베이터의 속도를 개선해 달라는 항의를 받았다고 한다. 하지만 유독 한 건물에서만 그러한 항의가 발생하지 않았다고 하는데 이를 궁금해하던 직원들이 왜 그 건물만 불만이 없는지에 대하여 조사하기 시작했으며 특이한 점을 발견했는데 그 건물은 다른 건물과 달리 거울이 설치되어 있었다는 점이다. 그 사실을 알고 다른 건물에도 거울을 설치하기 시작했다. 그리고 예측대로 고객들은 속도에 불만을 제기하지 않게 되었다고 한다. 고객들이 원했던 것은 속도의 개선보다는 엘리베이터 안에서 지루함을 덜 수 있는 무언가가 필요했던 것이다. 고객도 몰랐던 니즈가 충족됨으로써 불만이 없어졌던 사례로, 고객의 숨은 니즈를 파악해야 할 필요성을 잘 말해주고 있다.

고객의 지루함을 이용하여 고객에게 더 나은 가치를 제공한 기업이 있다. BOA(Bank of America)는 고객의 짧은 기다림의 시간까지 관리함으로써 더 큰 만족도와 매출의 증가를 이뤄냈다. 새로운 고객 서비스 전략을 위한 실험에서 3분 이상 고객이 줄을 선 채 기다리는 체감 대기시간은 고객의 실제 대기시간보다 더 길게 느낀다는 것을 발견한 것이다. 또한 대기시간 중 비디오 등의 방송 등으로 고객의 불편함이 완화될 수 있으며, 고객만족도 지수 중 한 가지 사항만 개선해도 고객 1인당 1.4달러의 매출증가효과가 있는 것도 알아내게 된다. 이러한 사실을 토대로 고객만족을 위한 지속적인 개선을 실시하였으며 그 결과 고객들의 로열티와 추천의향이 늘어나게 되었다. 또한 파이낸셜타임스가 뽑는 '올해의 미국은행'으로 2년 연속 선정되기도 하였다. 이는 고객도 미처 알지 못했던 대기시간에 대한 지루함을 고객만족 및 기업 혁신의 기회로 삼음으로써 고객도 깨닫지 못한 니즈를 충족시킨 결과라 할 수 있다.

제랄드 잘트만 교수는 고객의 니즈에 대하여 "말로 표현되는 니즈는 5%에 불과하다"라고 했다. 나머지 95%는 잠재의식 속에 있기 때문에 소비자도 인지하기 어렵고 인지하더라도 말로 표현하기 어렵다고 한다. 이렇듯 모든 상황에서 고객은 자신도 모르는 니즈가 존재하게 된다. 스티브 잡스 역시 "사용자들은 직접 보여주기 전까지는 그들이 뭘 원하는지조차 모르는 경우가 많다"고 했다. 그만큼 고객의 정확한 니즈를 알아내기란 쉽지 않다. 또한 고객은 그들의 니즈를 쉽게 말하지 않는다.

그렇기 때문에 고객의 니즈를 얼마나 잘 파악하느냐는 매우 중요하다고 할 수 있다. 고객은 때때로 잘못된 정보를 주기도 한다. 실제로 고객의 잘못된 니즈 파악으로 상품판매에서 실패한 기업이 있다. 대표적인 사례로 17개월 만에 폐간된 '마리안느' 잡지가 그 예이다.

여성잡지 '마리안느'는 출간 전 독자들에게 철저한 시장조사를 하여 고객의 니즈 분석을 통해 기획되었다. 주부 고객들에게 "無섹스, 無루머, 無스캔들의 명품 잡지가 나온다면 사서 보겠는가?"라고 질문했을 때 95% 이상이 사서 보겠다고 대답했으며 이에 따라 1991년에 창간되었다. 하지만 마리안느는 2년을 채우지 못한 채 17개월 만에 폐간되었다. 이유는 간단하다. 주부들이 면대면으로 질문을 받았을 때 괜찮은 사람으로 보여주고 싶은 심리로 인하여 잡지를 보는 진짜 이유(섹스,

루머, 스캔들)를 말할 수 없었기 때문이다. 일반적으로 사람들은 아무리 익명성을 가진 인터뷰, 설문조사라 하더라도 자신의 진짜 생각, 욕망과는 다른 대답을 할 수 있다고 한다.

이렇듯 고객의 진짜 욕구를 알기는 쉽지 않다. 그리고 우리는 고객의 진짜 니즈를 무시한 채 표면적인 욕구를 채워주려 노력하고 있는지도 모른다. 고객은 처음에는 표면적인 관심에 금방 반응할지 모르지만 진짜 니즈에 대한 욕구충족이 이루어졌을 때 진심으로 만족하며 그 기업에 대한 애정을 갖게 된다. 그렇기 때문에 우리는 고객이 원하는 진짜 욕구, 니즈를 채워줄 필요가 있으며 고객 자신도 모르는 니즈를 충족시켜 줄 필요가 있다. 하지만 앞에서 언급했듯이 고객은 그들의 니즈를 쉽게 말하지 않는다. 단지 끊임없는 연구를 통해 진짜 니즈를 찾아야 한다. 이를 위해 우리는 그들을 관심과 애정으로 지켜보고 바라보아야 할 것이며 이러한 과정을 통해 그들을 만족시켜 줄 수 있을 것이다.

> **마이클 르뵈프(Michael LeBoeuf)의 '평생고객을 만드는 법'**
>
> 내게 옷을 팔려고 하지 마세요.
>
> 세련된 인상, 멋진 스타일, 그리고 매혹적인 외모를 팔아주세요.
>
> 내게 보험상품을 팔려고 하지 말아요.
>
> 대신 마음의 평화와 내 가족과 나를 위한 위대한 미래를 팔아주세요.

내게 집을 팔 생각은 말아요.

대신 안락함과 되팔 때의 이익과 소유함으로써 얻을 수 있는 자부심을 팔아주세요.

내게 장난감을 팔려고 하지 말아요.

그 대신 내 아이들에게 즐거운 순간을 팔아주세요.

내게 책을 팔려고요?

아니에요. 대신 즐거운 시간과 유익한 지식을 팔아주세요.

내게 컴퓨터를 팔 생각은 하지 말아요.

기적 같은 기술이 주는 즐거움과 이익을 팔아주세요.

내게 비행기 티켓을 팔려고 하지 말아요.

대신 내 목적지에 빠르고 안전하게, 그리고 정시에 도착할 수 있는

약속을 팔아주세요.

내게 물건을 팔려고 하지 말아요.

꿈과 느낌과 자부심과 일상의 행복을 팔아주세요.

제발 내게 물건을 팔려고 하지 마세요.

# 서비스의 뒷모습을 경험하게 하라

일본을 여행하면서 느꼈던 것은 '일본인은 친절하다'였다. 길을 몰라 서툰 영어로 물어보면 일본사람들 역시 서툰 영어로 길을 가르쳐주곤 했는데 그들의 한결같이 친절한 모습을 보며 감탄했던 기억이 난다. 유모차를 끌고 가던 여자분은 내가 길을 묻자 유모차를 남편에게 맡기고 직접 길을 가르쳐주기 위해 함께 길을 나서주었다. 지하철에서는 개찰구에서 길을 가르쳐주었던 분이 내가 잘 가고 있는지 철도변 건너편에서 나를 지켜보다가 소리를 지르며 손짓으로 자신을 따라오라며 철길을 사이에 둔 건너편에 있는 나에게 가야 할 방향을 가르쳐주기도 했다.

내가 정말 친절하다고 느꼈던 부분은 누군가에게 길을 물어 길을 가르쳐주는 단순한 친절이 아니었다. 내가 감탄했던 이유는 그들이 상대방이 잘 찾아가는지 끝까지 지켜보고 있다가 지하철의 건너편에서까지 길을 가르쳐주기 위해 큰 소리로 외치며 끝까지 책임지는 모습때문이었다. 그것도 낯선 외국인에게 말이다.

어느 부잣집 대감이 그동안 성실히 일했던 노비들을 위하여 노비에서 자유의 몸으로 해방시켜 주겠다고 약속했다. 이에 노비들은 노비문서를 불태우며 감사함을 전했다. 그러자 부잣집 대감은 마지막으로 그들에게 "이제 너희는 노비가 아니니 내가 부탁을 하겠네. 마지막으로 나를 위해 새끼줄을 가늘고 가능한 한 길게 꼬아서 내일 아침 나에게 가져다주면 고맙겠네." 그 말을 들은 노비들은 모두 그러겠다고 대답했으나 숙소로 돌아간 그들은 이미 노비문서도 불태웠으니 굳이 그런 일을 할 필요가 없다며 밤새 서로 기뻐하며 술을 마셨다고 한다. 하지만 한 노비부부만이 밤새 새끼줄을 꼬았는데 그는 묵묵히 주인을 섬기던 젊은 노비와 아내였다고 한다. 다음날 아침 모든 노비들은 주인대감에게 인사도 없이 각자의 길을 떠났지만 젊은 부부만이 주인대감에게 감사의 인사를 전하며 이것밖에 안 돼 죄송하다며 새끼줄을 전했다. 그러자 주인은 함박웃음을 지으며 "사실 그 새끼줄은 나를 위한 것이 아니라 자네들이 지금까지 나를 위해 열심히 일해준 것에 대한 약간의 보답을 위한 것이네. 밤새 꼰 새끼줄에 여기 있는 엽전을 마음껏 꿰어서 가지고 가게. 자네가 꼰 새끼줄 정도면 새집 하나와 조그만 장사도 할 수 있겠구먼."

새끼줄은 마지막까지 주인에게 최선을 다한 자에게만 주어지는 선물이었던 것이다. 하지만 많은 노비 중에 한 노비만이 새끼줄을 꼬았

듯이 마지막까지 상대방에게 최선을 다하는 사람은 많지가 않다. 이는 서비스에서도 마찬가지로 적용된다. 일반적으로 많은 기업들은 고객들에게 물건을 구입하게 하기 위해 서비스에 최선을 다한다. 하지만 처음의 서비스가 변하지 않고 마지막까지 고객을 위해 최선을 다하는 경우는 흔치 않다. 하지만 우리는 끝까지 최선을 다하는 기업에게 감동하며 그 기업을 기억하게 된다.

내가 좋아하는 모 커피숍은 다른 커피숍과 다른 그 무엇이 있다. 바로 마지막 서비스가 남다르다는 것이다. 커피를 테이크아웃하여 계산을 하면 "감사합니다." 하고 인사를 한다. 그런데 그곳은 카운터뿐만 아니라 매장의 문을 열고 나가는 순간 또다시 인사를 한다. "감사합니다. 안녕히 가십시오. OOO커피입니다." 내가 기억하기로는 한번도 안 한 적이 없다. 언제나 꾸준했다.

이런 서비스는 다른 곳에서는 느낄 수 없는 친절을 느끼며 강한 인상과 이미지를 갖게 했다. '나를 끝까지 바라보며 지켜보고 있구나'라는 생각과 함께 나를 소중히 대하는 느낌을 갖게 한다. 이러한 서비스는 고객에 대한 관심을 가지지 않는다면 실천하기가 쉽지 않다. 고객에게 끝까지 관심을 가져야만 가능한 것이다. 반면 계산을 하고 나면 카드를 지갑에 넣기도 전에 "안녕히 가세요"라는 말을 하기도 하며 어떤 경우에는 카운터에서 자리를 떠나버리기도 한다. 고객의 모습을 끝까지 지켜보는 경우는 드물며 소중히 생각한다는 느낌을 전달하기도 쉽지 않다. 하지만 기억하자~! 끝까지 고객에게 관심을 가지며 서비스한다는 점이 쉽지 않은 만큼 고객들은 그러한 작은 서비스에 감동할 수 있고 더 깊은 잔향으로 기억에 남을 수 있다는 점을 말이다.

초두효과와 최신효과가 있다. 초두효과는 처음의 인상이나 정보가 나중의 정보나 인상보다 이미지 형성에 더 큰 비중을 차지하는 것을 의미하고, 최신효과는 나중에 들어온 이미지나 정보가 먼저 들어온 정보나 이미지보다 더 중요하게 영향을 미치는 효과이다. 최신효과와 같이 기업의 첫 이미지도 중요하지만 마지막의 이미지 역시 그 기업의 서비스를 판단하는 잣대가 될 수 있다는 점을 기억해야 할 것이다.

서비스는 Before Service - On Service - After Service로 구분될 수 있다. Before Service는 고객이 미처 알지 못했던 니즈를 고객이 요청하기 전에 기업이 서비스를 통해 해결하는 서비스를 말하며 On Service는 고객과 접촉하는 현장에서 일어나는 모든 서비스를 의미한다. After Service는 기업이 고객에게 물건을 판매한 후에 이루어지는 서비스를 의미한다.

과거 많은 기업들은 On Service에 많은 초점이 맞추어져 있었다. 이를 위해 동종업계뿐 아니라 타 업종의 서비스까지 서비스 우수사례를 벤치마킹하며 서비스를 경쟁적으로 따라하며 현장 서비스에 전력을 쏟았다. 그 결과 현재 On Service의 경우 고객은 이미 다른 곳에서 접했던 서비스로 인하여 많은 감흥을 갖지 못하는 게 현실이다.

하지만 현재 Before Service와 After Service에도 많은 관심을 가지며 전략적으로 서비스를 실시하는 기업들을 볼 수 있다. On Service를 통해 이룰 수 없었던 차별화를 Before Service와 After

Service를 통해 고객의 니즈를 만족시키며 차별화 전략을 실시하고 있는 것이다. 또한 고객들은 이러한 서비스에 대하여 긍정적인 반응을 보여주고 있다. 이는 기업의 On Service에서 실시하는 서비스를 통해 인식되는 기업 이미지 형성보다 Before Service와 After Service에서 실시되는 서비스를 통해 인식되는 기업의 이미지가 더 큰 영향력으로 고객에게 전달될 수 있기 때문이다.

Before Service의 경우 제품을 구매했던 고객을 대상으로 제품에 이상이 있기 전 사전 점검을 통해 소모품을 교체해주는 등 고객과의 접점을 만들게 된다. 또한 구매 전에 미리 사용해볼 수 있는 서비스를 제공하게 된다. 고객은 이러한 서비스를 통해 해당기업과 접촉하면서 그 기업의 제품을 계속적으로 이용할 수 있는 계기를 마련하게 된다. 즉 Before Service는 사전 서비스로 고객에게 긍정적인 이미지를 제공할 뿐 아니라 이를 마케팅으로 바로 이어갈 수 있다는 점에서 매출에도 영향을 미치는 이점이 있게 된다.

또한 After Service는 기업의 마지막 이미지를 결정짓게 된다. 그리고 고객을 다시 찾게 만드는 이유가 된다. 오늘의 삼성이 되기까지 삼성에는 그들의 브랜드 이미지가 있었다. "삼성이 만들면 다릅니다" 이러한 브랜드 이미지는 삼성의 '제품 우수성'에 훌륭한 'After Service'가 있었기 때문에 가능했다. 이는 고객들이 제품을 구매하는 데 있어 신뢰감으로 작용했고 삼성이 만들면 다르다는 인식을 갖게 한 계기가 되었다.

이제는 기업이 On Service에 초점을 맞추기보다는 Before Service와 After Service의 차별화를 통해 우리 기업만의 브랜드 이미지를 만들어 나가야 한다. 이는 마케팅의 방법이 될 것이며 계속적으로 고객을 유지하며 충성고객을 만들어 나가는 비결이 될 것이다.

# 잊혀지지 않는 '제3의 공간'을 만들어라

오랜만에 만난 친구와 점심약속을 한다면 어떤 곳을 방문하고 싶은 가? 특별히 먹고 싶은 메뉴가 없다면 좋은 공간에서 편안하게 얘기하며 식사할 수 있는 곳을 찾게 된다. 어떤 이는 조용한 공간을 원할 수 있으며 또 어떤 이는 음악이 흘러나오는 공간, 그 밖에 외곽의 한적한 곳 또는 도심의 레스토랑 등 각자의 스타일에 따라 장소는 정해진다. 하지만 어떤 공간이냐에 따라 친구와의 시간은 그 느낌과 의미가 달라질 수 있을 것이다.

그런 의미에서 공간은 우리에게 특별한 경험과 감정 등을 제공해준다. 그곳에 가게 되면 느껴지는 감정과 느낌, 어떤 곳은 쉼을 주는 공간이 되기도 하며 어떤 곳은 집중을 할 수 있는 공간, 그리고 여러 생각들을 정리할 수 있게 하는 공간, 또는 위로를 주는 공간 등 각각의 공간이 존재한다. 하지만 이곳들은 하나의 정해진 공간이 아니라 각각의 특징에 맞는 비슷한 환경을 가지고 있다. 즉 느껴지는 외적 요소인 콘셉트로 각각의 의미가 전달되며 감정을 움직이게 만드는 것이다.

이러한 콘셉트를 잘 활용하여 마케팅에 이용했던 곳이 스타벅스이다. 하워드 슐츠 스타벅스 회장은 "전 세계 스타벅스 고객들은 우리 매장을 자신의 집이 아닌 집처럼 생각하게 될 것입니다. 집과 직장의 사이에서 친구들을 만날 수 있는 오아시스처럼 느끼게 될 것입니다"라고 강조한 후 '제3의 공간'을 자처하는 마케팅 활동을 펼치고 있다. 그리고 많은 고객들은 스타벅스라는 제3의 공간을 통해 각각의 의미 있는 장소로 활용하고 있다.

커피숍 이외의 여러 산업에서도 공간적 환경을 이용하여 고객들에게 색다른 경험을 제공하고 있다.

이 책의 마지막 장에 소개되어 있는 명지병원의 경우 고객의 색다른 경험을 위해 공간적 환경을 디자인하여 차별화된 서비스를 제공하고 있다. 특히 '숲마루'의 경우 인근 주민들이 이용하는 건강검진센터로 삼림욕을 할 수 있도록 수많은 나무와 식물 등으로 조성되어 있다. 그야말로 건강검진센터가 숲으로 이루어진 것이다. 이러한 숲이 정신적·신체적 안정과 치유를 돕게 되면서 고객들은 기존의 병원에서 느낄 수 없었던 평안과 휴식을 취하게 된다.

이러한 공간들이 고객들에게 더욱 잊혀지지 않는 경험을 주는 이유가 있다. 이러한 공간에서는 감각, 감성, 행동, 인적·관계적인 요소 등을 통해 고객들이 마음의 문을 열게 만든다. 스타벅스의 경우 통유리로 된 창이 있어 안과 밖이 다 보이도록 되어 있는 시각적인 요소, 특유의 커피향과 맛의 후각과 미각, 모든 매장에서 나오는 같은 음악의 청각과, 의자 및 소파 등의 촉각 등을 잘 활용하고 있다. 이러한 요소들은 고객들로 하여금 더욱더 특별한 공간으로 인식하게 만든다. 스타벅스는 이러한 요소들을 통해 고객의 감성을 자극하며 이를 토대로 기업에 대한 긍정적인 이미지를 더하고 있다. 또한 이를 전략적으로 이용하는 기업들은 그 기업을 홍보하는 체험관을 만들어 운영하고 있다. 오설록을 비롯하여 자동차 체험관의 BMW 드라이빙 센터, 그리고 디지털 제품을 경험할 수 있는 디지털 체험관 등은 고객과 소통하고 색다른 경험을 제공함으로써 브랜드 이미지를 높이는 일석이조의 효과를 노리고 있다.

소비자의 80%는 감성적인 이유로 물건을 사고 나머지 20%는 이성적인 판단에 의해 물건을 산다는 연구결과가 있듯이 감성은 마케팅에서 중요한 요소이다. 특히 향후 고객들은 수많은 선택에서 더욱 감성에 의한 소비형태를 보일 것이다. 하지만 이러한 감성에 많은 영향을 미치는 부분이 공간적인 환경으로 나타나고 있다. 어떤 공간이었느냐에 따라 느낌은 달라지며 경험도 달라진다. 그리고 이에 따라 그 기업의 브랜드에 대한 이미지도 달라진다. 물론 어떤 산업이냐에 따라 조금은 차이가 날 수 있으나 향후 모든 산업에서 이는 적용될 것이다.

실제로 공간적 환경이 고객만족도에 긍정적인 영향을 미치며 다른 요소에 비해 더 큰 영향력을 가지고 있음을 증명한 논문사례가 다수 있다. 공간적 환경에는 고객을 위한 혁신적인 인테리어에서부터 컬러, 재질, 향기, 상품배열, 음악 등이 포함되며 이는 고객의 감성을 자극하고 기업의 상품을 구매하도록 끌어당기는 요소가 될 수 있다.

## 공기의 질을 관리하라

모 은행의 지점은 할머니와 할아버지가 많이 거래하는 곳이었다고 한다. 그래서 할머니, 할아버지 특유의 냄새가 끊이질 않았으며 꼭 냄새 때문이라 할 수는 없겠지만 이로 인하여 지점을 방문하는 사람들이 조금씩 예민해지기 시작했고 직원과 고객 간에 예민한 상황에서 갈등까지 연출되는 상황이 자주 발생했다고 한다. 좋지 않은 냄새가 사람과의 관계를 부정적으로 만들 수 있다고 판단한 그 지점의 지점장님은 아로마 향초를 곳곳에 놓아 좋은 향을 내뿜게 했다고 한다. 아로마의 좋은 향이 온 지점으로 풍겨오자 지점에 들어오는 사람들은 향이 좋다고 칭찬하는 등 고객과 직원들이 훨씬 차분해지고 부드러워지는 걸 느낄 수 있었다고 한다. 무엇보다 힘들게 일했던 직원들의 기분이 한결 좋아졌으며 고객만족을 실천하고 있다고 지점장님은 매우 만족해하셨다.

내가 자주 갔던 병원이 있다. 그 병원은 의사선생님이 진료를 잘하시며 능력이 있어 보였다. 어느 날엔가 기관지가 안 좋아서 병원을 다니던 때였는데 그 병원만 가면 호흡하기 더 힘들어지는 것을 느꼈다. 그런데 마침 의사선생님이 질문을 하셨다. 언제 호흡이 힘드냐고 물어보셨던 것이다. 내가 느꼈던 여러 상황들과 함께 오늘 이 병원에 들어오니 호흡하기 더욱 불편해졌다고 얘기했다. 나는 이 말을 하는 순간 이곳 공기의 질이 좋지 않다는 것을 직감하였다. 갑자기 의사선생님의 얼굴이 어두워지셨다. 그런데 그 병원에 있으면 호흡하기 더 힘들어졌던 것이 사실이다. 물론 병원이라는 심리적인 부담감 때문에 그랬을 수도 있다. 하지만 그 병원은 의사선생님이 뛰어나고 고객이 많은 것에 비하여 깨끗한 병원은 아니었다. 뭔지 모르게 정리되지 않은 내부구조와 환경이었다. 지저분하지 않지만 깨끗한 느낌을 주지는 않는 곳이었다.

그러한 부분은 나로 하여금 병원 내 '공기의 질'까지 의심하게 만들었던 것이다. 특히 병원의 공기는 병원 내에서 매우 중요한 부분으로 작용하는 만큼 그 이후 나는 다시는 그 병원에 가지 않았다. 그리고 얼마 후에 문자가 왔다. 그 병원에서 온 문자였는데 병원을 리뉴얼했다는 것이다.

공간적 환경에는 감성을 자극하는 환경이 있으며 고객이 이용하기에 편리한 서비스 프로세스에 맞는 구조와 환경이 존재한다. 그리고 그 산업에서 특별히 필요한 중요한 요소가 있다. 우리의 공간을 살펴보자. 고객을 위한 감성적인 환경이 잘 갖추어져 있는지 그리고 고객과 직원이 이용하는 데 좋은 환경으로 구성되어 있는지를 살펴볼 필요가 있다. 또한 우리 산업에서 고객에게 믿음과 편안함을 줄 수 있는 특수한 환경적인 요소에 대하여 얼마만큼 관리하고 있는지에 대하여 다시 한 번 살펴보아야 한다. 고객들은 공간적 환경을 통하여 편리함과 편안함을 넘어 잊혀지지 않는 감성적인 경험을 하게 되며 이를 통해 우리 기업을 기억하게 될 것이다.

# 감정노동자, 그리고 갑질고객

"XXX아, 진짜 너 죽을래. 팩스 보낸 거 빨리 처리해줘!!"

보험회사 콜센터에 걸려온 50대 박 모 씨의 전화내용이다. 박 모 씨는 콜센터에 154차례 전화를 걸어 폭언과 욕설을 했다고 하는데 그 이유는 청구한 보험금이 곧바로 입금되지 않았기 때문이다. 그는 상담원에게 1시간 40분 동안 욕설을 퍼부었다고 하는데 그의 보험금은 1,700원으로 보험금 지급이 늦었으니 5만 원 상당의 '기프티콘'을 달라고 요구하기도 했다. 상담원은 6개월 동안 걸려온 박 씨의 전화에 심적 고통을 느껴 퇴사까지 한 것으로 알려졌다.

그리고 뉴스에서도 소개된 바 있는 아르바이트 주차요원을 30여 분간 무릎 꿇게 하고 고성과 함께 뺨을 때린 부천 백화점 모녀사건 등은 고객의 횡포에 많은 서비스 종사자들이 고통당하는 것을 알 수 있는 좋은 예이다. 실제로 내가 근무했던 곳에서도 전화를 통해 들려오는 욕설로 정신적으로 힘들어했던 직원들이 많았다. 한두 번 들은 욕설이야 그냥 넘어갈 수 있다지만 이런 일이 주기적이며 반복적으로 일어나게 되니 더욱 힘들어진다는 것이었다. 하지만 고객과 대면하지 않는 곳이라면 상황은 더 나을지도 모르겠다.

다음은 카지노에서 감정노동에 시달리는 직원의 얘기다.

"안녕하세요. 저는 카지노에서 딜러로 일하고 있는 OOO입니다. 나이는 28세이고 경력 5년차입니다. 처음 입사했을 때는 제 특기인 중국어를 마음껏 활용할 수 있다는 부푼 꿈을 안고 있었습니다. 하지만 교육받을 때부터 뭔가 이상하더군요. '카지노라는 곳이 돈을 따는 사람보다 잃는 사람들이 많으니 고객이 화내는 것은 당연하다'는 얘기를 했습니다. 교육을 끝내고 현장에 투입되면서, 왜 참아야 하는지 실감할 수 있었습니다. 욕은 기본이더라고요. 돈 잃은 고객들이 테이블을 치고 욕하고, 행패를 부려도 가만있을 수밖에 없었습니다. 그렇게 교육을 받았으니까요. 우리 돈으로 최대 OO만 원 이상까지 베팅이 가능한 이른바 '큰손' 고객들에겐 더욱 조심할 수밖에 없어요. 사실 딜러가 무슨 죄가 있나요. 자기들이 잘못해서 돈을 잃었는데 왜 우리가 화를 다 받아내야 하나요?"

고객이 잃은 돈 때문에 화가 난 감정을 직원에게 그대로 풀더라도 이를 다 받아내야 하는 직원의 모습이다. 잘못한 것이 없음에도 말이다. 그리고 그들은 기분 나쁜 감정을 절대로 표현해서는 안 된다. 왜냐하면 고객을 응대하는 직원이기 때문이다.

이처럼 고객의 기분을 좋게 하려고 특정한 감정상태를 연출하는 것이 업무상 요구되는 노동유형을 '감정노동'이라 칭하고 있다. 이는 미국의 사회학자 앨리 러셀 혹실드가 1983년 『감정노동』이라는 책에서 항공기 승무원 사례에 초점을 맞춰 처음 개념화하였으며 감정관리 활동이 직무의 40% 이상을 차지하고 있다고 밝혔다.

안전보건공단의 보고서에 따르면 우리나라 근로자 1,700만 명 중 43%인 약 740만 명이 고객을 상대하는 감정노동자로 나타났다. 2014년에 백화점 직원, 콜센터 상담원, 승무원 등 감정노동자 2,259명을 대상으로 심리상태를 조사한 결과 무려 30%가 자살 충동을 경험한 것으로 드러났다고 발표했다. 이는 전체 국민평균 16%보다 높은 수치로 감정노동의 심각성을 드러내는 통계조사라 볼 수 있다. 이렇게 심각한 상황에서 감정노동자들을 위한 방안에 대하여 각처에서 많은 고민과 논의가 이어지고 있다. 물론 뚜렷한 해결방안은 보이지 않는다.

## 제가 갑질을 했습니다

힘들어하는 감정노동자를 위한 방안이 요구되면서 매우 공감되는 글을 인터넷 블로그에서 보게 되었다. 그는 본인이 직접 '갑질'을 했다는 내용인데 이를 정리하면 다음과 같다.

그는 '제가 갑질을 했습니다'로 시작하며 식당에 들어가기 전 기분이 좋지 않은 상태에서 식당에 들어갔었다고 한다. 그리고 직원에게 밥을 먹다가 깍두기를 더 달라고 했는데 직원이 깍두기 그릇 위에 깍두기 그릇을 그대로 포개어 놓았다는 것이다. 순간 분노한 상태에 이르

렀으며 "기분이 정말 나쁘네요. 거지한테도 이렇게는 주지 않을 것 같아요"라며 기분 나쁘다는 표현을 했으며 급기야 가게 책임자와 직원이 와서 미안하다고 했다는 것이다. 결국 계산을 하려는데 주인은 돈을 받지 않았다고 한다. 그리고 그는 요즘 열심히 살아가는 젊은이일 텐데 '남의 집 귀한 자식'에게 정말 미안하며 자신의 감정에 몰두한 '갑질'이었다며 사과로 마무리하고 있었다.

글을 읽으면서 글쓴이의 감정이 공감되며 우리 모두가 이러한 '갑질'의 당사자가 아닌가 하는 생각을 하게 되었다. 그만큼 우리 모두는 사소한 것에 분노하는 감정이 불안한 시대에 살고 있으며 서비스에서는 '내가 왕'이라는 무의식 속에서 직원에게는 함부로 해도 되는 사람으로 잘못 생각하고 있는 경우가 많다. 글을 읽으며 내 자신도 반성하게 만드는 내용이었다. 이렇게 우리는 '갑질'의 대상이 되기도 하지만 본의 아니게 '갑질'을 하게 되는 경우도 있다.

'치환공격'이라는 말을 들어보았는가! 록펠러대학의 제이 와이스라는 생리학자의 실험이다. 그는 쥐에 대한 스트레스 실험을 하였는데 쥐에게 약한 전기충격을 반복적으로 주며 쥐의 스트레스 반응을 살폈다. 충격을 가하자 심박수, 당질 코르티코이드(스트레스 호르몬)의 분비속도가 증가하게 된다. 이번에는 쥐가 충격을 받을 때마다 나무막대 위로 올라가 씹어댈 수 있게 만들어준다. 이 상황에서 쥐는 궤양에 걸릴 가능성이 훨씬 적어졌다. 쥐에게 '욕구 불만의 배출구'를 제공했기 때문이다. 이와 비슷하게 추가적인 다른 형태의 실험을 했다. 쥐에게 욕구 불만 배출구를 제공해주는 실험이다. 동일한 전기충격을 받은 쥐가 딴 우리로 가서 다른 쥐를 물어뜯을 수 있게 만들어주었다. 역시 위궤양 발생빈도가 줄어들었다고 한다.

이는 '치환공격'이라는 행동반응이다. 자기보다 서열이 높은 수컷 개 코원숭이에게 공격을 당하면 아무 잘못 없는 자기보다 서열이 낮은 수 컷을 공격하게 된다는 것이다. 이는 사람, 즉 고객에게도 적용된다. 자신의 감정이 좋지 않은 고객은 함부로 대해도 괜찮을 직원에게 화풀 이와 분노를 표출함으로써 자신의 스트레스를 풀게 되는 이치이다.

얼마 전 뉴스에 나온 사건이다. 골프장에서 모 기업체 대표가 캐디 의 경기 운영이 서툴다며 진행요원의 귀를 잡고 흔들며 욕설하는 등 꼴불견 갑질행태가 잇따른다는 내용이었다. 이에 경찰은 통계상으로 우월적 지위에 있는 40~50대 남성들이 자신의 요구가 받아들여지지 않을 때 사회적 약자를 대상으로 폭력을 행사한다고 말하고 있다.

치열한 경쟁구조 속에서 불안함을 지닌 사회인들은 더욱더 부정적 인 감정을 지닌 채 살아가고 있다. 또한 불안한 시대에 사람들은 더욱 감정적으로 자신을 컨트롤하지 못하는 분노조절장애를 겪고 있다. 이 런 불안 속에서 부정적인 감정을 가진 고객들은 누구나 불만고객이 되며 감정노동자들은 불만고객을 응대해야 하는 상황에 놓여 있는 것이다.

# ❗ 남의 집 귀한 자식, 사전관리하라

## 남의 집 귀한 자식

갑질 고객에 대한 뉴스 및 소식을 심심치 않게 듣게 되는 가운데 갑질 고객에게 당당히 맞서는 이들이 있다. 이들은 '남의 집 귀한 자식'이란 문구가 찍힌 티셔츠를 입고 고객을 응대하고 있다. 음식점을 운영하는 반 씨는 매일같이 손님들이 직원들에게 반말로 "야, 이것 좀 더 가져와 봐!" 등의 반말지거리에 진저리가 났다고 한다. 아르바이트 학생도 귀한 자식들인데 하는 생각으로 궁리 끝에 '남의 집 귀한 자식'이란 문구가 찍힌 티셔츠를 주문해 아르바이트생들에게 착용하게 했다는 것이다. 그는 "알바생들도 똑같은 사람이고 인권이 있으니 그에 맞게 대우해 달라는 의미를 전달하기 위해서"라고 설명했다.

티셔츠는 현재 SNS를 통해 알려진 후 자영업자와 아르바이트생들에게 인기를 얻고 있다고 한다. 또한 티셔츠에 찍힌 '남의 집 귀한 자식'이란 문구를 본 손님들의 반응 역시 스스로 조심해야겠다는 등 다양한 긍정적인 반응을 보여주고 있다고 한다.

'남의 집 귀한 자식'이란 문구가 찍힌 티셔츠는 재미난 아이디어의 표현일 수 있지만 이는 불만고객을 미리 잠재울 수 있는 사전관리에 해당될 수 있다. 대부분의 기업에서는 지금까지 불만고객관리 시 사후관리에 많은 비중을 두어왔다. 하지만 지금은 사후관리만큼 사전에 불만을 방지하는 시스템에 대한 필요성을 느끼며 이를 실제 현장에서 적용하는 기업들이 늘고 있다.

또한 주요 호텔들은 고객 블랙리스트를 정리하여 보유하고 있다. 그들이 호텔을 방문하면 인상착의를 숙지한 직원들이 각별히 신경을 씀으로써 불만 제기요소를 사전에 제거하는 것이다. 모 대기업에서는 매장에 자주 출몰하는 블랙컨슈머의 클레임의 형태를 문서로 정리하여 공유하고 있다. 문서에는 인상착의 및 불만사례 등을 정리해 놓았으며 이를 통해 사전, 사후 관리 매뉴얼을 만들어 체계적으로 대응하도록 되어 있다.

## 불만고객관리 시스템

일부 대기업에서는 '소비자 불만 자율관리 시스템(CCMS: Consumer Complaints Management System)'을 도입하여 운영하고 있다. 과거 공정거래위원회나 한국소비자원에 사례를 신고하여 처리하던 방식에서 기업이 직접 고객의 불만에 대응하는 시스템이다. 이를 통해 사전에 자율적으로 고객의 불만을 최소화하며 신속하게 대응하는 체계를 구축하고 있는 것이다.

2013년 대한상공회의소가 국제중소기업 203곳을 대상으로 '블랙컨슈머 대응실태'를 조사한 결과 응답기업 가운데 83.7%가 소비자의 악성클레임을 '그대로 수용한다'고 답했다. 이렇게 부당한 이유를 들어줄 수밖에 없는 이유로 '기업이미지 훼손방지'(90.0%)가 가장 많이 꼽혔다. 그리고 중소기업의 경우는 불만고객을 위한 담당자는 있지만 이를 관리하기 위한 전담부서는 부재한 경우가 많은 것으로 조사되었다. 하지만 이제는 기업의 이미지 훼손을 막기 위한다는 이유로 블랙컨슈머의 부당한 요구를 들어주기보다는 이에 대처할 수 있는 방안과 전담부서를 통한 적극적인 대처가 필요하다. 일부 대기업에서는 이미 불만고객을 응대하는 담당자를 넘어 전담부서를 설치하여 대응하고 있으며 사후 서비스가 아닌 사전에 이를 방지하고자 노력하고 있다.

요즘 연예인들의 성스캔들 뉴스기사를 자주 접하게 된다. 연예인에 대한 좋지 않은 소식이 한 달에 세 번이나 뉴스에 등장하고 있다. 그런데 연예인을 담당하고 있는 해당 소속사는 연예인들에게 리스크가 생겼을 때 그 즉시 치밀한 계획을 세워 스캔들에 대처한다. 이를 담당하는 조직이 구성되어 치밀한 분석과 함께 향후 대책을 위한 논의가 시작되며 경찰조사 시 기자들의 사진에 찍힐 것에 대비하여 헤어스타일과 옷차림, 그리고 국산차 등 사소한 부분까지 관리에 들어간다고 한다. 그리고 그들의 표정과 해야 할 말 등에 대하여 시나리오를 작성하게 된다. 한 사람의 리스크를 줄이기 위하여 조직이 운영되는 사례를 보며 과연 우리 회사는 얼마만큼의 시나리오가 준비되어 있는지 살펴보아야 할 것이다.

펜실베이니아대학교 휘턴스쿨(Wharton School)이 지난 2005년에 조사한 「2006 불만고객 연구보고서」에 따르면 고객 100명이 불만을 느끼면 32~36명이 같은 매장에 방문하지 않는다고 한다. 불만을 느낀 고객 가운데 기업에 직접 항의하는 고객은 6%에 불과하며 자신이 느낀 불만사항을 친구, 가족, 동료에게 적극적으로 알리는 고객은 31%에 달한다. 그리고 침묵하는 고객은 63%에 달한다. 대부분이 침묵으로 이어지지만 친구, 고객, 가족에게 알리는 31% 중 8%는 1명에게, 또 다른 8%는 2명에게, 78%는 3~5명에게, 나머지 6%는 6명 이상에게 자신의 경험을 말하게 됨으로써 불만고객은 엄청난 파급력을 갖게 된다. 또한 지금은 SNS 발달로 그 파급력이 상상을 초월할 정도다. 얼마 전 뉴스에서도 다뤘던 '00카페'의 위력은 자영업자들에게 더 위협적인 존재로 '00카페'에서 잘못 낙인이 찍히면 문을 닫아야 되는 상황까지 이르게 된다고 한다.

불안한 경제상황에서 고객들은 더욱더 감정적인 모습을 보이며 불만을 드러내게 된다. 이에 불만고객을 관리할 수 있는 사전 시스템 및 고객의 감정까지 고려할 수 있는 제도적 장치를 고려해볼 필요가 있을 것이다. 고객 불만의 해소가 직원이 아닌 다른 그 무엇으로 채워질 수 있는 방안을 생각해볼 필요가 있다. 또한 불만고객을 담당하는 직원들의 감정을 컨트롤해줄 수 있는 상담실을 운영하는 등의 직원들을 위한 적극적인 관리의 노력이 필요하다. 이러한 노력들은 불만고객을 우리 기업의 충성고객으로 만들 수 있는 방안이 될 수 있을 것이다.

연구에 의하면 일반 고객은 보통 10%의 재구매율을 보이지만 불만 고객을 잘 관리하여 응대할 경우 불만고객의 65%가 다시 구매를 하게 된다. 이는 분명 기업에 대한 불만을 가진 고객이 긍정적으로 바뀔 수 있으며 또한 충분히 충성고객으로 바뀔 수 있다는 것이다. 따라서 사후관리를 통해 고객을 관리하기 전에 이를 미리 방지하여 우리의 고객으로 만들어가는 노력이 더욱 중요하다고 할 수 있을 것이다.

# 03.

## 서비스 마인드,
## 고객경험에 하이터치를 더하다

# 서비스 과잉시대의 진정성

요즘 서비스의 트렌드는 무엇일까? 서비스 트렌드는 마케팅 관점에서 설명할 수 있을 것이다. 하지만 꼭 빠뜨리지 않고 말해주고 싶은 점이 있다면 바로 진정성이다. 현재는 '진정성 마케팅'이란 이름으로 진정성을 표현하고자 노력하는 기업들이 많아지고 있다.

글렌 캐럴 미 스탠퍼드대학교 경영대학원 교수는 가치를 추구하고 신념을 밀어붙이는 제품들의 경쟁력으로 진정성을 꼽았다. 진정성에는 가치와 신념이 있다. 이러한 진정성의 가치를 통해 진정성 있는 상품과 서비스가 결합되어 고객에게 전달될 때 그 진정성은 감동으로 자리 잡게 된다. 이제는 진정성을 추구해야 한다. 기업에서는 진정성 있는 상품과 매뉴얼을 통해 진정성을 담은 서비스 전달이 필요하다.

아는 분이 모 카드회사 콜센터에서 전화를 받았다고 한다. 카드 교체를 권유하던 상담사는 다음에 하겠다는 지인에게 마지막까지 끝인사를 친절하게 하더라는 것이다. 그런데 몇 주가 지난 뒤 같은 카드회사에서 또다시 전화가 왔다. 다른 상담사였는데 카드교체를 말하면서 다음에 하겠다는 지인의 말에 지난번 상담사가 했던 똑같은 멘트로 끝인사를 끝까지 하더라는 것이다. 그리고 운전 중이라 빨리 끊어야 해서 "네네~" 하면서 바쁜 척을 했음에도 불구하고 끝까지 멘트를 다했다는 것이다.

지인은 사람이 기계도 아닌데 어떻게 기계처럼 똑같을 수 있냐며 교육은 정말 잘 시키는 것 같지만 전혀 공감이 가지도 않았고 친절을 느낄 수도 없었으며 그러한 응대는 고객에게 불편만 주는 것이라며 투덜거렸다고 한다. 그리고 고객이 빨리 끊어야 하는 상황에서는 다른 응대 멘트를 했으면 좋겠다는 얘기까지 덧붙였다고 한다.

예전에 114에 전화를 걸었을 때 상담원의 응대 멘트 "사랑합니다. 고객님!"을 기억할 것이다. 이 멘트는 현재 "네, 고객님" "힘내세요, 고객님" "반갑습니다" 등으로 바뀌었지만 처음 들었을 때 파격적인 멘트에 대한 당혹감과 신선함 등 많은 사람들의 다양한 반응이 있었다. 결론적으로 많은 사람들은 '가식적인 멘트'라고 하여 진정성이 없다는 평을 내렸다. 본 적도 없는 사람에게 사랑한다는 표현이 적절치 않다는 것이다.

비단 이런 상황과 멘트뿐 아니라 여러 상황에서 우리의 서비스는 넘쳐나고 있다. 서비스 과잉시대에 살고 있는 것이다. 모든 상담원은 특별한 경우를 제외하고는 모두 다 친절하다. 하지만 서비스를 받는 입장에서는 친절을 넘어 불편함을 느끼고 있다. 그 이유는 진정성이 없는 서비스이기 때문이다. 고객은 바빠서 빨리 끊어야 되는 상황임에도 불구하고 상담원은 그들이 해야 하는 멘트를 기계음처럼 쏟아내야 하는 상황이니 서비스라고 느끼기는커녕 불만을 자아내는 역효과를 내고 있는 것이다.

진정성이란 '참되고 애틋한 정이나 마음'을 뜻하는 단어로 진정성 있는 상품과 진정성 있는 서비스는 고객에게 통하게 된다. 하지만 114에 전화를 걸면 들려오던 "사랑합니다. 고객님"이란 멘트에 진정성을 느끼며 서로 마음이 통할 고객은 많지 않을 것이며, 끊어야 하는 고객에게 자신이 하고 싶은 말을 친절하게 다하는 것에서도 진정성을 느끼기는 힘들다.

## 그럼, 진정성은 무엇일까?

글렌 캐롤과 데니스 휘튼 교수는 "사회적 구조에 의해 형성되는 소비자들에게 특정한 종류의 신성하거나 문화적인 해석을 가져오는 제품이나 서비스"로 정의하였으며 제임스 길모어와 조셉 파인은 진정성을 "이익을 창출하기 위해 고안되거나 조성되지 않는, 자체의 목적을 위해 존재하는 고유의 형태"로 정의하며 이 영역을 자연성, 독창성, 특별함, 연관성, 영향력 등으로 구분하였다.

나는 진정성을 아기의 모습에 비유하고 싶다. 어린 아기의 눈빛을 보면 그 눈빛은 거짓을 말하지 않는다. 그리고 꾸미지 않는다. 모든 모습이 자유로우며 그대로의 모습을 보여주지만 상대방에게 행복감을 준다. 꾸미지 않지만 본연 그대로의 모습 속에서 상대방을 행복하게 만드는 것! 이게 바로 진정성이 아닐까? 성인의 경우 아기의 눈빛처럼 순수한 행복감을 줄 수는 없을 것이다. 하지만 아기의 순수한 눈빛 대신 가치와 신념을 담을 수 있을 것이다. 거짓 없는 가치와 신념 있는 눈빛에서 진정성을 느끼게 된다.

상품에서도 마찬가지다. 과대광고에 속아 물건을 구매했을 때의 허탈감을 누구나 느껴보았을 것이다. 기미가 없어진다고 했으나 전혀 효과가 없는 상품과 판매 시 끝까지 책임진다고 약속했으나 판매 후에는 전화연결이 잘 되지 않는 기업 등에서 진정성을 느끼지 못하는 경우는 종종 발생한다. 하지만 이러한 광대광고 속에서 소비자는 더욱 진정성 있는 상품과 서비스에 집중하며 이들에게 좋은 반응을 보이게 된다. 특히 SNS의 발달로 고객들은 빠른 반응을 보이며 진정성 있는 상품과 서비스에 집중하며 공유하게 된다.

기업에서는 고객들에게 진정성을 보여주어야 한다. 과대포장된 진정성이 아닌 있는 그대로의 진정성 있는 상품과 과하고 부담스러운 서비스가 아닌 그들의 가치와 신념이 느껴지는 서비스를 말이다. 물론 진정성 있는 상품에는 그 기업만의 차별화된 요소가 가미되어야 할 것이며 전달방법에서는 그 차별화를 고객이 체험할 수 있도록 해야 할 것이다. 체험의 요소 역시 중요하다. 어떤 방법으로 고객에게 전달되어 체험되고 기억되는가는 중요하기 때문이다. 체험을 통한 진정성 있는 기업의 상품과 서비스는 고객에게 진정성을 전달해줄 것이다.

# 하이테크 시대의 양면성

하루 동안 CCTV카메라에 찍히는 횟수는 과연 몇 회가 될까?

영국의 NGO '빅브라더워치(Big Brother Watch)'가 발표한 자료에 따르면 2012년 현재 런던에 사는 사람이 하루에 CCTV에 찍히는 횟수는 평균 300회로 한 사람이 한 시간당 CCTV에 최소한 13회 찍힌다고 조사되었다. 5분에 한 번꼴로 찍힌다는 얘기다. 우리나라의 경우 지하철, 도로, 골목, 빌딩 곳곳에 설치된 CCTV는 300만 대가 넘는다고 한다. 그리고 한 명이 CCTV에 찍히는 횟수가 하루에 140여 회를 넘는다는 조사결과가 있으며, 등굣길, 출근길에는 약 70대의 CCTV카메라에 노출된다고 한다.

모 기업에 교육을 하기 위해 방문했을 때의 일이다. 보통 교육 때문에 기업체를 방문할 경우 교통상황이 어떻게 될지 몰라 되도록이면 20~30

분은 더 빨리 도착할 수 있도록 준비를 하며 떠난다. 그날은 계획했던 시간보다 더욱 빨리 도착하게 되었고 교육 시작 전 1시간 반이나 남게 된 상황이었다. 그래서 일단 주차를 해놓고 근처 커피숍에서 차를 한 잔 마신 후 교육 20분 전에 다시 건물로 들어갔다.

그런데 들어가는 순간 경비아저씨께서 나에게 말을 걸어왔다. "1시간 전에 도착하셨는데 어디 다녀오셨어요?" 순간 깜짝 놀랐다. 경비아저씨는 자동으로 인식되는 시스템을 통해 건물로 들어오는 차를 꿰고 있었을 뿐만 아니라 CCTV를 통해 그 차의 주인까지 알고 있었던 것이다. 나의 모든 것들이 체크되고 있다는 생각이 드니 순간 너무 당황스러웠다. 요즘 많은 기업체에서 고객과 접하는 각각의 접점에서 자동 시스템을 이용하고 있다. 편리함과 더불어 여러 장점이 있겠지만 이에 따른 단점도 만만치 않다.

비단 주차장에서뿐만이 아니다. 서울의 모 플라자 건물의 경우 엘리베이터가 자동화되어 있다. 엘리베이터를 타기 전 통로 입구에는 층수를 누르게 되어 있는 장비가 있다. 이 장비를 이용해야만 엘리베이터가 열리고 탈 수 있도록 장치되어 있다. 본인이 가고자 하는 층수를 누르면 0호기로 가라는 안내 문구가 나오고 0호기에 가서 기다리고 있으면 엘리베이터가 도착하여 문이 열리게 되며 굳이 층수를 다시 누를 필요 없이 그 층수까지 도착하게 된다.

운행하는 엘리베이터는 굉장히 많지만 본인이 탈 수 있는 엘리베이터는 단 한 대로 제한된다. 그 많은 엘리베이터에서 지정된 엘리베이터만 기다려야 하기 때문에 타이밍이 맞지 않으면 한참을 기다려야 했다. 다른 엘리베이터의 문이 열렸다 하더라도 탈 수 없다. 왜냐하면 엘리베이터를 타면 본인이 가고자 하는 층을 누를 수 있는 장치가 엘리베이터 안에는 없기 때문이다. 5층에 갈 계획을 했다가 중간에 마음이 바뀌어 3층에서 내릴 수도 없는 것이다. 이렇다 보니 엘리베이터를 기다리는 체감 대기시간은 더욱 길게 느껴진다. 참으로 답답함을 느꼈던 자동화 시스템이었다.

위의 사례에서처럼 현재는 기술이 고도로 발달되었다. 이를 통해 상품과 서비스가 제공되고 있다. 고도화된 기술을 통한 상품과 서비스는 기업의 효율성을 높였으며 고객들의 편리성을 증대시켰다. 하지만 고도화된 기술로 인한 서비스에는 분명 불편함과 단점이 존재한다. 그리고 채워지지 않는 그 무엇이 존재한다. 그전에 느꼈던 기계가 아닌 사람의 관계에서 오는 따뜻한 감성이 사라진 것이다.

## 하이테크 시대 하이터치 서비스

현재의 시대를 하이테크 시대라고 한다. 이에 미래학자 존 나이스비트(J. Naisbitt)는 2001년에 출간한 『하이테크-하이터치』에서 하이테크와 하이터치에 대하여 처음 제시하였다.

"'하이테크(high-tech)'가 일상생활에 있어 일의 효율성, 편리함 등을 가져오는 첨단기술이라면 '하이터치'는 이러한 첨단기술의 하이테크 시대 서비스 산업에서 더욱더 절실히 요구되는 부분"이라고. 『새로운 미래가 온다』의 저자 다니엘 핑크 역시 하이터치에 대하여 언급하였다. 그는 창의성과 감성이 주도하는 시대에 더욱 중요한 능력이 될 것이라 예측하며 하이터치는 "다른 사람과 공감하면서 인간의 미묘한 감성과 관계를 이해하고, 그 속에서 즐거움과 의미를 발견하며 추구할 수 있는 능력을 지칭하는 개념"이라 설명하였다. 즉 하이터치란 상대의 공감을 끌어내고 인간과 인간 사이의 마음을 연결시키는 능력이라 할 수 있다. 그리고 하이테크 시대에 하이터치는 더욱 중요한 요소가 된다는 것이다.

그럼 왜 하이테크 시대에 하이터치가 필요한 걸까? 기계와의 접촉이 많아질수록 인간은 인간과 접촉하고자 하는 열망이 더욱 커지게 된다고 한다. 또한 시대가 발전할수록 사람들은 관계의 외로움을 겪고 있다. 그렇기 때문에 사람들은 더욱더 공감하며 소통할 대상이 필요한 것이다. 하이터치는 사람의 손길을 통한 감성을 터치함으로써 서로 소통하게 하고 공감하게 만든다. 그리고 그 속에는 따뜻함이 존재한다. 아무리 기계가 발달되어 편리하더라도 기계가 채워줄 수 없는 부분을 하이터치는 관계를 통해 감성을 자극하며 사람의 마음속에 즐거움과 의미 등 기계로써는 채울 수 없는 그 무엇을 채우게 한다.

미국에서의 모 은행은 하이터치를 무시한 하이테크 전략을 실시하였다. 비대면 접점을 늘리면서 ATM기 등 하이테크 기술을 활용하여 고객을 유인하기 위한 전략을 세웠던 것이다. 하지만 고객들은 이를 외면하며 ATM기보다는 직원과의 접촉을 더 자주하는 다른 은행으로 발길을 돌렸다고 한다. 고객들은 편리성을 이야기하며 이를 요구하기도 하지만 실제로 그들은 자신의 감성을 채워주며 갈증을 해소해주는 사람과의 만남에 더 큰 의미를 두고 있음을 알 수 있다.

나의 경우 옷을 구매할 때 직원의 칭찬에 의해 구매하는 경우가 종종 있다. 아무리 예쁜 옷이라 할지라도 판매자의 반응이 없으면 내가 마음에 들었더라도 즉각적으로 소비로 이어지는 경우는 드물다. 하지만 어느 정도 마음에 들었을 경우 판매자의 칭찬은 구매욕구를 더욱 부추기며 과감하게 소비하는 행동으로 이어지게 한다. 그들은 내가 과감히 소비할 수 있는 용기를 북돋아주는 것이다. 이게 바로 하이터치의 힘이 아닐까 싶다.

어떤 이는 특별히 힘을 얻고자 하는 날에는 메이크업을 본인이 하지 않고 다른 이에게 비용을 지불하여 맡긴다고 한다. 중요한 날에는 얼굴을 돋보이게 하기 위하여 그럴 수 있다고 하지만 일반적인 날에 메이크업을 받는다는 것이 이해가 되지 않았다. 하지만 그녀는 일상생활에서 누군가의 지지를 얻고 싶은 날 메이크업 디자이너의 손길을 통해 사람에게서 따뜻함을 느끼고 싶어하는 게 아니었을까 싶다. 그녀는 메이크업의 손길을 통해 하이터치를 느끼며 마음의 갈증을 채우고 있는 것이다.

얼마 전 방영되었던 KBS스페셜에서는 "로봇 우리의 친구가 될 수 있을까?"를 방영하였다. 방송에서 로봇은 가족의 얼굴을 기억하는 것은 물론이고 가족의 일과를 챙겨주는 비서, 집안을 점검하는 모습을 보여주었다. 더 나아가 로봇은 인간처럼 말하고 감정까지 표현하였다. 하이테크의 단점을 보완한 교감을 나누는 감정로봇이 출시된 것이다. 로봇과 함께 사는 그들은 로봇과 교감을 나누며 그들의 고독을 해소하고 있다. 또한 방송에서는 그들의 로봇에 대한 만족도가 매우 높은 것으로 언급하였다. 하지만 로봇과 나누는 감정의 공유와 교감이 인간을 뛰어넘을 수 있을까? 결단코 그런 경우는 없을 것이라 생각한다. 로봇은 단지 사람의 요구에 반응하고 말을 하며 교감을 나누게 된다. 그리고 그들은 오롯이 사람들을 위하여 존재한다. 그렇기 때문에 인간이 로봇을 위해 도움을 줄 필요가 없는 이상 로봇과의 하이터치에는 한계가 있다. 우리는 자신의 감정을 공유함으로써 만족을 느끼기도 하지만 상대방의 감정을 공유하고 필요를 채워줌으로써 더 큰 만족과 행복감을 가질 수 있기 때문이다.

# ❗ 하이터치 서비스로
# 고객을 감동시켜라

하이터치 서비스가 서비스 현장에서 고객만족도를 높이며 잘 이루어질 수 있을까? 앞에서 하이터치란 상대의 공감을 끌어내고 인간과 인간 사이의 마음을 연결시키는 능력이라 언급하였다. 그렇다면 직원과 고객의 관계에서 마음과 마음이 연결되는 상황이 과연 이루어질 수 있을까? 서비스 현장은 수많은 고객을 만나는 접점이기 때문에 형식적인 서비스가 이루어지기 쉽다. 하지만 그 순간에도 하이터치 서비스로 고객을 만족시키며 감동을 주는 직원은 존재하며 그러한 현장은 충분히 있을 수 있다.

교육시간에 고객만족에 대하여 토론하는 시간이 있다. 내가 느꼈던 서비스 중 가장 만족했던 서비스에 대해 얘기를 나누게 되는데 짧지만 선명히 기억나는 내용이 있었다. 어느 여성분의 이야기였다. 그녀는 주사 맞는 것을 보통 사람들 이상으로 힘들어해서 병원 가는 것을 너무 싫어했다고 한다. 그래서 주사를 맞을 때는 간호사들로부터 너무 오버한다며 오해를 받는 경우도 종종 있었다고 한다. 그런데 건강검진으로 꼭 피를 뽑아야 하는 상황에서 너무 무서워했더니 옆에 있던 간호사가 다가와 "자! 괜찮습니다. 제 손을 꼭 잡아보세요~" 하며 손을 꼭 잡아줬다는 것이다.

그런데 손을 잡는 순간 따뜻함이 전달되면서 간호사의 따뜻한 마음이 느껴지기 시작했다는 것이다. 그리고 주사기에 대한 두려움이 사라지고 무사히 피를 뽑을 수 있었다고 한다. 그 순간 그 간호사가 천사로 보였으며 너무 고마워 그 다음날 박카스 한 통을 전달했다고 말하는 그녀의 얼굴엔 그때의 감정이 고스란히 담겨 있었다. 이렇듯 단지 손만 잡아주었을 뿐인데 따뜻함을 느낄 수 있는 것이며 두고두고 간호사에 대한 고마움과 따뜻함을 간직할 수 있는 것이다.

## 발리에서의 하이터치 서비스

10년 전 내가 발리로 여행을 갔을 때의 일이다. 여행을 갔지만 나의 직업상 서비스 벤치마킹을 위해 특별히 리츠칼튼 호텔을 방문하기로 계획을 세웠다. 리츠칼튼 호텔에서 묵지는 않았지만 발리의 리츠칼튼 호텔은 관광지로도 유명했던 곳인지라 친구와 그곳을 찾아가 이곳저곳을 구경하며 감탄하고 있었다. 그러던 중 넘어져서 무릎에서 피가 나는 상황이 벌어지고 말았다. 너무나 난감한 상황이었다. 리츠칼튼 호텔은 굉장히 넓은 곳이었으며 밖으로 나가서 약국을 찾는다는 것도

무리인 상황이었다. 또한 그곳에서 묵었던 고객도 아니었기 때문에 어떻게 해야 할지 친구와 망설이고 있는데 누군가가 갑자기 다가와 말을 걸기 시작하였다.

"May I help you?" 작은 키에 검은색 피부를 가진 그녀는 반짝이는 눈빛으로 물어보았다. 서투른 영어로 다리를 보여주며 약이 필요하다고 몸짓으로 표현했다. 난 그 호텔에서 묵은 고객이 아니었기 때문에 혹시 호텔 고객인지 또는 몇 호에 묵었는지를 묻지 않을까 싶어 조마조마한 마음으로 말했다. 다행히 그녀는 그런 부분에 대해 전혀 묻지 않았으며 잠시만 기다려보라는 말을 남기고 어디론가 급히 갔다. 그리고 몇 분 후 그녀는 소독약과 반창고를 가져왔다. 얼마나 고마웠던지 발리의 리츠칼튼에서 '이런 서비스를 받아보는구나'라고 느끼며 "Thank you!"라고 감사의 표현을 했다.

하지만 내가 받은 리츠칼튼의 서비스는 이게 다가 아니었다. 감사하다고 말을 하자 그녀는 더욱더 밝은 표정과 빛나는 눈빛으로 "It is my pleasure"라고 말했다. 그녀의 얼굴은 정말로 고객을 도와줘서 본인이 너무 뿌듯하고 즐겁고 기쁘다는 표정이었으며 무엇보다도 그녀의 눈빛이 그렇게 말하고 있었다. 또한 그녀의 눈빛은 강한 힘을 내뿜고 있었다.

화창한 오후의 햇빛이 쏟아지는 아름다운 리츠칼튼에서 "It is my pleasure"라고 말하는 키 작은 여자 직원의 반짝이는 눈빛을 통해 나는 다시 한 번 서비스에 대해 생각해보았다. 흔히 서비스 교육에서 서비스란 단순히 고객에게 봉사하는 것이며 고객을 도와주는 것, 또는 컨설턴트로 인식시키며 교육하는 경우가 많다. 서비스가 고객들에게 도움을 주는 것이지 나에게 어떠한 혜택이 있는지 나에게 미치는 영향에 대해서는 말하지 않는다. 하지만 다시 한 번 서비스의 활동에 대하여 생각해볼 필요가 있다. 서비스가 단순히 고객을 위한 행동이 아니라 나의 직업에서 서비스의 활동이 어떤 의미로 다가올 수 있는지 말이다.

우리가 서비스를 할 때 누군가를 도와주는 것이며 봉사한다는 단순한 마음으로 서비스를 한다면 진정한 자신의 즐거움과 기쁨은 존재하기 어려울 수 있다. 하지만 누군가를 향한 진심이 담겼을 때 서비스를 받는 사람의 마음과 통하게 되며 온전히 자신에게 즐거움과 기쁨으로 자리할 수 있게 될 것이다. 바로 하이터치를 통한 서비스는 하는 사람과 받는 사람 모두에게 감동으로 자리하게 되는 것이다.

# ❗💬 소비의 트렌드는 감성이다

EBS의 다큐멘터리 "인간의 두 얼굴"에서 초등학교 아이들을 대상으로 실험을 했다. 한 반에는 나눔 교육이라는 이름의 수업으로 약 5분간 '어려운 이웃의 이야기가 담긴 영상'을 틀어주었으며 다른 반에서는 교육을 하지 않았다. 그리고 다음날 준비물로 용돈을 가져오라고 한 뒤 점심시간에 '불우이웃 돕기 모금함'을 각 반에 가져다 놓고 아이들의 반응을 살폈다. 그 결과 두 개 반의 모금액에는 어떤 차이가 있었을까? 예상대로 나눔 교육을 받은 반의 학생들의 모금액이 그렇지 않은 반에 비해서 7배 많았다고 한다.

이 실험은 '도덕적인 동기 활성화'에 관한 실험으로 교육을 받지 못한 아이들의 경우 교육받은 학생들에 비해 '도덕적인 동기 발현'의 기회를 갖지 못한 것이라고 할 수 있다고 한다. 이는 또한 감성으로 설명될 수 있다. 영상물을 통해 아이들의 감성이 자극받게 됨으로써 모금활동에 적극적으로 참여하게 된 결과가 된 것이다. 바로 소비자의 감성을 이용하여 소비로 이끄는 감성마케팅의 원리라고 할 수 있다.

현재 소비의 트렌드는 감성이다. 상품뿐만 아니라 고객이 머무는 공간, 그리고 시스템, 소통의 도구에까지 감성적인 요소를 가미하여 기업은 고객을 유인하고 있다. 이러한 감성마케팅을 잘 활용하는 기업의 대표적인 사례가 스타벅스라 할 수 있다. 또한 CF에서도 고객의 감성을 이용하여 마케팅에 성공하고 있다. 초코파이의 '정'은 우리의 정을 깨닫게 함으로써 감성을 자극하였으며 박카스의 '불효자'편 CF는 모든 사람들을 '울컥'하게 만든 CF로 감성마케팅에 성공하였다. 이렇듯 고객은 기업이 보여주는 이미지로 감성에 사로잡히게 되면서 그 기업의 브랜드에 대한 긍정적인 이미지를 형성하게 된다. 그리고 고객은 그 기업의 긍정적인 이미지를 연상하며 상품을 소비하게 되는 것이다.

소비자는 감정적인 이유로 물건을 구매하고 논리적인 이유를 댄다고 한다. 나 역시 마찬가지다. 특히 옷을 살 때는 옷이 필요해서 소비하는 경우는 극히 드물다. 단지 우연히 예쁜 옷을 봤는데 순간 갖고 싶다는 생각이 든다. 그리고 '내가 왜 이 옷을 사야 되지?'를 예의상 최소한 한번 정도 생각한다. 그리고 합당한 이유가 생각나면 구매를 한다. 합당한 이유가 생각나지 않을 경우 하루 또는 이틀 정도 더 생각을 하며 합당한 이유를 찾아내기 시작한다. 그리고 구매한다. 예쁜 옷을 보면 나의 시각적인 감성이 자극되면서 사고 싶다는 욕구가 발동되는 것이다. 즉 옷을 구매할 때 분명한 이유가 존재하지만 그 이유

때문에 옷을 구매하지는 않는다는 것이다. 단지 감정적으로 끌렸기 때문에 사는 것이며 이유는 핑계에 불과할 뿐이다. 다시 말해 감성은 다른 어떤 이유보다 구매에 큰 영향력을 발휘하게 된다는 것이다.

## 이제는 고객의 감성을 무시한 채 고객을 사로잡기가 쉽지 않다

상품 판매를 위한 마케팅에는 감성이 존재하며 또한 상품에도 감성이 존재한다. 그리고 고객에게 전달되는 인적 서비스에서도 감성은 존재한다. 인적 서비스는 고객에게 직접적인 영향을 줄 수 있으며 고객의 기억 속에 서비스에 대한 이미지를 강하게 남길 수 있다는 점에서 더욱 중요하다고 할 수 있다. 따라서 고객의 감성을 사로잡기 위한 감성서비스가 가장 중요하다고 할 수 있다. 감성서비스에 따라 상품의 품질과 고객의 경험은 달라진다. 감성서비스로 고객에게 긍정의 느낌과 경험을 전달하기도 하지만 반대의 경우에는 품질을 떨어뜨리며 다시는 기억하고 싶지 않은 부정적인 기억을 남기게 되기 때문이다. 결론적으로 '감성'은 고객에게 서비스에 대한 만족과 불만족을 결정짓게 만들며 만족도에 큰 영향을 미치게 되는 것이다. 이는 아주 작지만 다른 큰 결과를 낳게 되는 것이다.

또한 감성은 자신의 감정과 연결된다. 나의 감정이 부정적인 상황에서 감성서비스를 하기란 쉽지 않다. 감성서비스를 하기 전에 나의 감정을 다스릴 필요가 있다. 특히 서비스업에 종사하는 서비스인이라면 자신의 감정을 컨트롤함으로써 상대방에게 긍정적인 감정을 전달할 수 있어야 한다. 즉 나의 감정을 상대방에게 기분 좋은 감정으로 향할 수 있어야 한다. 상대방을 향한 감정은 곧 감성서비스로 전달될 수 있기 때문이다. 자신의 감정이 안정되어 있으며 상대방의 감정을 이해하고 이러한 감정을 통제할 수 있는 사람을 우리는 감성지수가 높은 사람이라고 한다.

일반적으로 여자는 남자보다 감성이 더욱 발달되어 있다. 또한 여자는 남자보다 평균 수명이 길다. 그 이유에 대하여 램지재단 알츠하이머 치료연구센터 책임자인 빌 프레이 박사는 "남자가 여자보다 평균수명이 짧은 이유의 하나는 덜 울기 때문"이라고 발표하며 눈물이 수명에도 영향을 미친다는 것을 설명했다. 이렇게 눈물은 신체적 · 정신적으로 긍정적인 효과뿐 아니라 수명에까지 영향을 미치게 된다.

이와 비슷한 사례로 '다이애나 효과(Diana effect)'가 있다. 다이애나 황태자비가 죽었을 때의 일이다. 거의 한 달에 걸친 장례기간 동안에 전 영국의 TV에서는 다이애너비의 생전 모습을 반복해서 보여줬으며 이를 지켜본 영국 사람들은 눈물을 흘리며 시청했다. 이후 흥미로운 연구 결과가 발표되었는데 우울증 환자가 장례식 이전에 비해 1/3로 줄었다는 것이었다. 즉 다이애나비의 죽음에 눈물을 흘리게 됨으로써 정신건강에 도움이 되었다는 것이다. 이를 '다이애나 효과'라고 지칭하게 되었으며 이를 통해 눈물의 효과를 입증하게 되었다.

눈물은 감정의 표현이다. 하지만 눈물을 보여서는 안 된다는 고정관념과 감정을 노출해서는 안 된다는 편협된 생각으로 자신의 감정을 무시하는 경우가 종종 있다. 하지만 자신의 감정을 잘 아는 것은 중요하다. 또한 나의 감정을 잘 표출하는 것 역시 중요하며 이를 통해 현재의 감정을 다스릴 필요가 있다. 내가 지금 우울한 감정인지 분노의 감정인지 기분 좋은 감정인지를 잘 알아차리며 이를 컨트롤할 수 있어야 한다. 자신의 감정이 잘 다스려졌을 때 이는 곧 감성이라는 이름으로 상대방에게 전달되기 때문이다.

## 감성지수 EQ를 관리하라

감성지수인 EQ(Emotional intelligence Quotient)는 자신과 다른 사람의 감정을 이해하는 능력과 감정을 통제할 줄 아는 능력을 의미하는 것으로 EQ가 높은 사람들은 고객에게 더욱 친절함을 느끼게 하며 불편한 상황을 편하게 풀어나가는 등 고객의 불만을 매끄럽게 해결해 나가는 것을 볼 수 있다. 사람과의 관계를 구축해가는 능력 역시 뛰어나다. 이러한 능력을 통해 고객과의 라포를 형성하며 진정성을 느끼게 한다. 그리고 고객은 진정성 있는 그들의 응대에 마음을 열며 감동을 받게 된다. 서비스의 전문가라면 진정성 있는 응대를 할 수 있어야 한다. 그리고 진정성을 느끼게 하는 감성능력을 키워야 한다.

TalentSmart는 백만 명이 넘는 사람들의 EQ를 분석한 결과 EQ가 일을 성공적으로 수행하는 데 58% 정도 기여한다고 밝혔으며 뛰어난 수행능력을 가진 사람들의 90%는 높은 EQ를 가졌다고 했다. 리더십 전문가 토머스(Tomas J. Neff)와 제임스(James M. Citrin)의 책『Lessons from the Top』에서는 사업을 1등으로 이끌고 있는 성공 리더 50명의 15가지 공통 자질을 제시하였는데 15가지의 자질 중에서 단지 세 가지의 지적 혹은 기술적 능력을 제외하고는 대부분이 감성적인 측면의 자질인 열정, 커뮤니케이션 기술, 동기부여, 내적 평화, 긍정 태도 등을 꼽았다. 즉 성공하기 위해서는 지식 및 기술도 중요하지만 그보다 감성적인 부분이 성공에 더 큰 영향을 미칠 수 있다는 것이다. 서비스에서는 특히 고객과의 관계가 많은 부분을 차지하는 만큼 지식과 함께 감성이 더해졌을 때 고객은 진정성을 느끼게 된다.

그렇다면 우리는 감성능력이 뛰어난가? 어떻게 감성을 키워나갈 수 있을까? 하버드대학 심리학자이자 감성리더십 전문가인 대니얼 골먼은 감성지능을 다음과 같이 5가지 영역으로 정의하였다.

① 자신의 정서를 인식하는 능력

② 자신의 정서를 조절하고 관리하는 능력

③ 자신에게 동기를 부여하는 능력

④ 타인의 감정을 파악하고 이해하는 능력

⑤ 대인관계 속에서 상황에 대처하는 능력

대니얼 골먼은 그의 저서에서 감성지능을 키우기 위한 방법을 4가지로 설명했다.

첫째, 자신의 내면의 소리에 귀 기울이는 '자기인식능력'을 키우는 것이 우선이라고 주장하며 자기성찰의 시간을 통해 자신의 감성상태, 강점과 약점, 니즈, 지향점, 가치 등을 객관적으로 파악할 필요가 있다고 했다.

둘째, '자기관리능력 키우기'로 자신의 감정을 통제하고 언제나 긍정적인 마인드를 유지하며 진취적인 자세로 업무의 성과를 높일 수 있도록 한다.

셋째, 타인인식능력을 키우는 것으로 다른 사람의 얼굴표정이나 목소리 등을 통해 상대방의 감정을 읽어내는 능력이다. 이를 위해 언제나 타인의 미세한 변화를 캐치하며 그에 따라 자신의 행동이나 대화를 맞춰 나가는 것이 필요할 것이다.

마지막으로 '관계관리능력'을 키우는 것으로 상대방과 팀의 협력을 요구하며 갈등을 해결하여 관계를 향상시킬 수 있는 능력으로 위의 3가지를 모두 통합하여 사용할 수 있도록 해야 할 것이다.

자! 그렇다면 우리 직원들의 감성을 높이기 위해 무엇을 어떻게 해야 할까? 감성지수는 충분히 변화할 수 있는 것으로 나의 노력에 의해 발달될 수 있다. 그렇기 때문에 나의 노력이 필요하며 기업차원에서는 직원의 감성을 높이기 위한 교육프로그램을 주기적으로 실시하여 직원들의 감성을 깨울 수 있어야 한다. 감성을 높이기 위한 자신의 노력과 기업의 노력이 반드시 필요하다. 이는 자신의 성장과 기업의 서비스 품질에 영향을 주기 때문이다.

# ❗ 행복한 사람의 일에 대한 프레임

우리는 흔히 어떤 일이나 사업을 하든지 잘 풀리는 사람들을 미다스의 손이라고 일컫는다. 미다스의 손은 그리스 신화 미다스라는 왕의 이름에서 유래되었다고 한다. 이 왕은 어떤 이에게 도움을 주어 소원한 가지를 이루어줄 수 있는 기회가 생기게 되는데 왕의 소원대로 어떤 물건이든 만지기만 하면 금으로 변하는 능력을 가지게 된다. 즉 손을 대면 모든 것이 황금으로 변하는 것이다. 하지만 그가 먹고 마시는 것조차 황금으로 변해버리고 딸을 만졌을 때 황금으로 변하는 등 소원은 이루어졌으나 곧 불행에 빠지고 말았다는 얘기다.

우리는 누구나 부를 누리고 싶어한다. 하지만 부유함을 원하기 전에 부를 누리고자 하는 목적이 무엇인지를 생각해보아야 한다. 또한 우리는 누구나 행복해지고 싶어한다. 그리고 어떻게 행복해질 것인지에 대하여 고민한다. 하지만 어떻게 행복한 삶을 만들어갈 것인지를 고민하기 전에 행복이란 무엇일까를 먼저 생각해보아야 할 것이다. 그래야 미다스의 왕처럼 불행에 빠지는 것을 방지할 수 있을 것이다. 그리고 내가 원하는 것에 대한 진정한 의미를 발견하며 진짜 원하는 것을 알고 얻게 될 것이다.

## 프레임이 다른 세 명의 석공이야기

어느 성당건축에 돌을 다듬는 사람이 셋 있었다. 그들은 각자 땀을 뻘뻘 흘리며 큰 돌을 다듬고 있었다. 어느 나그네가 길을 가던 중 이들을 유심히 보다가 3명에게 똑같은 질문을 했다. "지금 무엇을 하는 겁니까?" 첫 번째 석공이 답했다. "보면 몰라요? 돌을 다듬고 있지 않습니까? 열심히 일해도 몇 푼 받지 못합니다." 두 번째 석공이 답했다. "성당 짓는 데 쓰일 석재를 다듬는 중입니다. 좀 더 좋은 일이 있으면 그만둘 거예요." 그렇다면 세 번째 석공은 어떻게 답했을까? 그는 이렇게 말했다. "신을 모실 성스러운 공간을 짓고 있는 중입니다. 다음에 완공되면 꼭 보러 오세요."

우리에게는 누구나 자신의 프레임이 있다. 프레임이란 세상을 바라보는 마음의 창, 시각을 뜻한다. 즉 세상을 바라보는 각자의 관점이 있다는 것이다. 그래서 같은 현상과 상황에서도 각각의 프레임으로 해석하며 다르게 느끼게 된다. 긍정이라는 마음의 창으로 세상을 바라보는 사람이 있고 부정의 마음으로 자신과 세상을 바라보는 사람이 있다.

석공이야기에 등장하는 3명의 석공은 자신의 일에 대한 프레임이 각각 다른 것을 볼 수 있다. 똑같은 일을 하면서도 한 석공은 그저 돌을 다듬는 일로 자신의 일에 대한 의미가 전혀 존재하지 않는 모습을 볼 수 있는 반면, 세 번째 석공은 자신의 일에 의미를 부여하며 자랑스러워하는 모습을 볼 수 있다. 자신의 일에 대한 각각의 다른 프레임을 볼 수 있다. 하지만 이는 단지 다른 이에게 자신의 일에 대한 각자의 프레임을 보여주는 것만으로 끝나는 것일까?

기업에서 교육을 하다 보면 눈에 띄는 교육생들이 있다. 그들의 눈빛은 반짝이며 집중한다. 또한 교육에 관심이 있으며 감동받고 있다는 것을 느낀다. 현장에 나가서도 그들의 업무태도는 남다르다. 다른 이들과 분명히 다른 점이 있으며 이를 또한 느끼게 만든다. 반면 도대체 무슨 마음을 가지고 일하는지조차 의심스럽게 하는 경우가 있다. 도대체 그들의 차이는 무엇일까? 첫째, 각자의 프레임이 다르다는 것이다. 둘째, 무지라고 생각한다. 나와 다른 프레임이 있다는 것을 모르는 무지라 할 수 있을 것이다.

각각의 상황과 환경이 다를 수 있으며 이에 따른 프레임이 다를 수 있다. 또한 그 환경 속에서 나의 마음의 태도를 결정하는 것은 자신의 선택이라 하더라도 어떤 태도를 취해야 하는지는 누군가를 통해서든지 일깨워질 필요가 있다. 무조건 열심히 하며 무조건 친절한 것이 아니라 그 일 속에서 내가 가져야 할 일의 의미를 일깨워줘야 한다는 것이다. 나는 이를 함께 근무하며 관리하는 리더가 책임져야 한다고 생각한다. 이는 리더로서 동료와 직원을 위한 책임이자 고객을 위한 서비스가 될 것이다.

아르바이트 전문포털 알바천국이 10대에서 60대까지 전체 구직자 2,383명을 대상으로 "귀하가 생각하는 일의 의미는 무엇입니까?"라고 묻자 일은 곧 '생계유지'라고 생각하는 비율이 56.6%로 가장 많았고, 2위는 '사회활동 참여'(15.8%), 3위는 '자아실현'(12.5%)이었으며, 이어 '자기계발'(11.7%), '인간관계 형성'(3.5%) 순으로 나타났다.

취업포털 잡코리아가 남녀직장인 884명을 대상으로 '일의 가치평가'에 대해 설문조사했다. "현재 하고 있는 일이 가치 있는 것이라 생각하느냐"는 질문에 '가치 있는 일'이라 답한 응답자가 전체의 81.9%를 차지했다. '가치 없는 일이다'는 18.1%에 그쳤다. 가치 있다고 답한 이유에 대하여 '가족의 생계를 꾸려 나갈 수 있게 해주기 때문'이란 답변이 43.9%로 가장 높게 조사되었다. 그 밖에 가치 없는 일은 없기 때문에(39.2%), 타인에게 도움이 된다고 생각하기 때문에(34.5%), 커리어를 쌓을 수 있기 때문에(26.1%), 내가 하고 싶은 일을 하고 있기 때문에(16.2%), 기타(0.4%) 순이었다.

시장조사 전문기업 마크로밀 엠브레인의 트렌드모니터(trendmonitor.co.kr)가 전국 만 19~59세 급여소득자 2,000명을 대상으로 '직업소명의식'에 대한 조사를 실시한 결과, 전체의 58%가 현재 하고 있는 일에 대해 소명의식을 가지고 있는 것으로 조사되었다.

위의 조사는 직장인을 대상으로 직업에 대한 의미, 가치, 소명의식에 대해 연구한 결과로, 일의 의미에 생계유지가 50% 이상이며 소명의식이 있다고 답한 이는 58%로 나왔다. 위의 연구결과처럼 대부분의 직장인은 자신의 일에 대한 의미를 생계유지라고 답한 만큼 지금의 시대는 일의 의미보다는 연봉이 중요하며 취업상태가 더욱 중요한 시대인지도 모르겠다. 하지만 나의 일에 대한 의미와 가치를 다시 한 번 생각해볼 필요가 있을 것이다. 자신의 일에 어떤 의미와 가치를 부여하느냐에 따라 삶의 행복도가 달라질 수 있기 때문이다.

세계적 석학 탈 벤 샤하르의 '행복수업'은 아이비리그의 3대 명강의로 꼽힐 만큼 유명하다고 한다. 그는 행복에 대하여 "행복은 단순히 쾌락만이 아닙니다. 그 안에는 의미라는 것이 있어야 하지요. 다시 말하면, 행복은 우리가 하는 일이나 행동 혹은 다른 사람들과의 관계에서 가치 있고 중요한 것을 찾아야 하고, 동시에 그것을 즐기는 것입니다"라고 말하고 있다.

즉 우리가 하는 것 속에서 그리고 고객과의 관계 속에서 의미를 찾을 때 그 일은 가치 있는 일이 될 것이며 또한 나에게 행복이 되어줄 수 있다는 것이다. 똑같은 일을 하면서도 그 일에 대한 의미와 가치를 부여하는 이가 있는가 하면 아무런 의미와 가치를 부여하지 않는 이가 있다. 이는 내가 어떤 의미와 가치를 부여하느냐의 문제인 것이다. 일을 통해 즐겁다고 느낀다면 즐거운 일이 될 것이며 누군가에게 도움이 되는 것에 기쁨과 즐거움을 느낀다면 그는 일 속에서 언제나 기쁨과 감사함으로 행복의 시간을 소유하게 될 것이다.

헬퍼스 하이를 들어보았는가! 헬퍼스 하이란 정신의학적 용어로 말

그대로 남을 도우면 느끼게 되는 최고조에 이른 기분을 의미한다. 미국 컬럼비아대학교의 연구결과 일주일에 8시간 이상 남을 돕는 자원봉사자 3천 명을 대상으로 한 실험에서 95%의 자원봉사자가 헬퍼스하이를 경험했다고 한다. 연구결과 헬퍼스 하이를 경험한 사람들은 '행복 호르몬'으로 알려진 엔도르핀 분비가 정상치의 3배까지 올라갈 뿐 아니라 체내혈압 및 콜레스테롤 수치가 낮아진다는 사실이 밝혀졌다. 또 친밀감을 높이고 유대를 강화시키는 옥시토신 호르몬 분비가 증가해 불면증과 만성통증치료에도 탁월한 효과를 보였다.

이는 장수에도 영향을 준다는 연구결과가 있다. 2003년 미국 미시간대학교 연구팀은 70세 이상 423쌍의 장수부부들을 대상으로 5년 동안 그들이 장수하는 이유를 관찰했다. 그 결과 작은 공통점을 발견할 수 있었는데 스스로 몸을 돌보지 못하는 사람들이나 가족이 없는 사람들을 방문해서 작은 도움을 주었다는 것이다. 그리고 5년 동안 134명이 사망했는데 생존자 중에서 72%, 남성의 75%가 조사 전년도에 아무런 대가 없이 남을 도와준 것으로 나타났다.

이러한 연구결과는 나눔이 남을 위한 행동인 동시에 나를 위한 행동이 된다는 사실을 보여주고 있다. 즉 우리의 일을 통해 고객과의 관계 속에서 의미를 찾으며 이를 가치 있다고 생각한다면 이는 나에게 정신적·신체적으로 긍정적인 영향을 준다는 것이다. 석공의 이야기에서 그들은 각각의 프레임으로 자신의 일을 대했지만 중요한 것은 그들의 프레임에 대한 문제가 아니다. 그러한 프레임으로 일함으로써 자신에게 어떤 이익과 행복을 가져다 주느냐가 중요한 것이다.

즉 어떤 프레임으로 일하느냐에 따라 나의 행복은 달라질 수 있다는 것이다. 그렇다면 자신의 프레임을 다시 한 번 살펴볼 필요가 있다. 그리고 함께하는 동료들의 프레임을 살펴볼 필요가 있을 것이다. 지금의 시대가 직업의 의미보다 연봉을 더욱 중요시한다고 해도 자신의 일을 통해 행복을 느끼고 신체적·정신적으로 긍정적인 영향을 주고받으며 자신의 참행복을 느끼고 소유할 수 있기를 바라본다.

"타인의 인정을 바라고 타인의 평가에만 신경을 기울이면 끝내는 타인의 인생을 살게 된다.…"

"우리는 '여기에 존재'하는 것만으로 이미 타인에게 도움이 되고 가치가 있네.…"

"남이 내게 무엇을 해주냐가 아니라 내가 남을 위해 무엇을 할 수 있는가를 생각…"

–미움받을 용기 中–

# 서비스 철학이 기업을 빛낸다

"서비스 철학이 어떻게 되시나요?"

"서비스는 나의 미래다! 이게 저의 서비스 철학입니다."

교육시간에 자신의 서비스 철학에 대하여 생각하는 시간을 갖고 '서비스는 ○○○이다'라는 형식으로 작성하여 발표하는 시간을 갖는다. 일반적으로 서비스 철학에 대하여 '서비스는 공감이며 고객을 만족시키는 것', 또는 '서비스는 거울이다' 등의 답을 하게 된다. 그런데 좀 특별한 답변이 나왔다. 답변의 주인공은 50대로 한 지사를 담당하는 지사장님이다.

자신의 철학 "서비스는 나의 미래다!"라고 말한 이유에 대하여 그는 서비스만이 자신이 지사장으로서 살아남을 수 있는 생존의 방법이라는 거다. 그리고 서비스를 크게 3가지 축으로 나눌 수 있다면 '지사에서 인간관계에서의 서비스', 그리고 '지사 운영 측면에서 영업성과를 낼 수 있는 서비스', 그리고 '고객들이 만족할 수 있도록 하는 서비스'로 나눌 수 있는데 이 3가지 축에서의 서비스의 성공이 곧 자신의 미래를 만들 거라는 말이었다. 발표하신 지사장님은 서비스 산업현장에서 근무하면서 서비스의 중요성을 몸소 체험하며 그 중요성에 대하여 이미 잘 알고 계신 분이었다.

현재 서비스 산업은 미국 GDP의 80% 이상을 차지하며 우리나라는 2011년 기준 58.1%를 차지하고 있다. 서비스 산업 종사자의 고용비중은 2011년 69.5%를 보여주고 있다. 향후 서비스 산업은 더욱 성장할 것으로 전망되고 있으며 이에 따라 고용비중은 더욱 높아질 것이다. 향후 우리가 다른 직장에 다니게 된다고 할지라도 서비스 산업분야에서 근무하게 될 가능성이 높으며 고객을 만나는 직업에 종사하게 될 가능성이 크다는 것이다.

또한 고객을 만나는 접점이 아닌 곳에서 근무하더라도 서비스는 중요하다. 고객만족은 외부고객만족뿐만 아니라 내부고객만족도 중요하기 때문이다. 내부고객만족, 즉 직원 간의 관계에서 서비스 마인드를 지니지 않은 채 관계를 맺는다면 그는 사회인으로서뿐만 아니라 업무에서까지 부정적인 영향을 받게 될 것이다. 그렇기 때문에 서비스마인드는 사회인으로서 당연히 갖추어야 할 기본적인 요건에 해당될 수 있을 것이다. 또한 이에 따른 서비스 철학이 필요하다.

모 은행지점에서 서비스가 뛰어난 여직원이 있었다고 한다. 이 여직원은 모든 고객의 칭찬을 받으며 서비스를 실천하는 분이었다. 다른 지점에까지 이 여직원의 뛰어난 서비스는 소문이 났으며 몇 개의 지점에서 발령을 보내달라고 본사에 요청이 오곤 했다. 본사는 이 요청에 가장 서비스가 미흡한 지점으로 이 여직원을 발령냈다. 이유는 이 여직원을 통하여 다른 직원에게도 동기부여를 주어 그 지점의 CS를 높이기 위한 것이었는데 결과는 어떠했을까?

발령이 나고 세 달이 지난 후 이 여직원은 그 지점의 다른 여직원과 별다르지 않은 모습을 보여주었단다. 이유는 다음과 같이 추론할 수 있다. 그 여직원은 서비스에 대한 뛰어난 자질을 갖추고 있었지만 환경에 따라 충분히 변할 수 있었던 것이다. 자신의 뚜렷한 서비스에 대한 철학을 가지고 있지 않는 이상 환경이 바뀌면 충분히 변할 수 있는 것처럼 그 여직원은 다른 여직원들의 응대를 보며 자신도 모르게 환경해 적응해버려 다른 여직원과 같은 모습을 보여주게 된 것이다. 그렇기 때문에 어떠한 환경에서도 변치 않을 자신만의 서비스 철학을 세우는 것이 중요하며 이를 또한 언제나 실천하고자 하는 노력과 의지가 필요하다.

이처럼 접점에 있는 직원은 서비스 실천을 위해 서비스에 대한 철학이 필요하며 어떤 환경에서도 이 철학을 유지하기 위한 자신만의 노력과 의지가 필요하다. 하물며 이러한 철학을 가진 직원을 이끌어갈 기업의 철학이 없다면 어떻게 될까? 배는 산으로 가게 될 것이다. 철학이 있는 기업에서 직원들의 철학은 빛이 날 것이다. 성공하는 기업에게는 그 기업의 철학이 존재한다. 그리고 서비스에 대한 철학이 반드시 존재한다.

언젠가 중대형 병원인 모 병원을 방문하였다. 위치를 잘 몰라 안내하는 분에게 물어보고 있었다. 그런데 마침 7~8명의 의료진들이 함께 어디론가 가고 있었다. 나의 목소리를 들었는지 앞장서서 걷고 있던 의료진이 나에게 다가와 답해주었다. 그러자 그 뒤를 따르던 의료진들이 걸음을 멈추어 답변하는 의사를 기다리고 있었다. 나에게는 참으로 신선한 모습이었다.

아마도 뚜렷한 서비스 철학을 가지고 있었기 때문에 가능했으리라 생각한다. 또한 이러한 철학을 실천하기 위해 임원진들이 앞장섰을 때 전 직원이 서비스를 실천하며 서비스문화가 정착할 수 있게 된다. 특히 임원진들이 서비스 지향적인 마인드를 가지고 몸소 실천할 때 그러한 모습은 주변의 직원들이 보고 배우며 따르게 된다. 이런 모습을 지켜본 직원들이 어떻게 고객들에게 친절하지 않을 수 있겠는가! 그리고 이런 모습을 보는 고객들은 누구나 '과연 서비스가 뛰어나구나'라는 생각을 했을 것이다. 실제로 그 병원은 친절한 병원으로, 또 많은 사람들이 만족한 병원으로 잘 알려져 있었다. 나는 몸소 그러한 친절을 체험하며 그 병원에 대해 깊은 애정을 갖게 되었다.

기업에는 기업의 철학이 있다. 이를 서비스에서는 서비스 비전이라고 할 수 있다. 즉 서비스의 방향 및 지침이 되는 것이다. 이를 지정하여 모든 직원이 그 비전에 맞도록 철학을 가지고 경영하는 기업이 있는 반면 사내에 서비스의 비전 없이 단지 서비스를 열심히 하라는 기업도 있다. 이 두 기업의 서비스의 차이는 분명히 존재한다. 우리 기업의 일관된 서비스 비전을 통해 각 직원의 서비스 철학이 빛날 수 있도록 해야 한다.

각 지점 및 지사의 비전도 필요하다. 같은 회사라 할지라도 지점마다 서비스는 다르다. 아무리 본사에서 서비스를 외친다 해도 지점이 따르지 않으면 그만이다. 또한 그 지점 및 지사의 자체적인 분위기가 존재하기 때문에 각 지점만의 분위기 조성이 중요하다. 내가 아는 분은 다른 지사로 발령이 났다. 그분은 영업에 뛰어난 분이셨는데 발령이 난 해당 지사에 출근을 하니 지사분들이 경계하는 느낌을 온몸으로 받기 시작했다고 한다. 인사를 안 하는 것은 기본이고 무시까지 하더라는 것이다. 그분은 이 상태를 어떻게 해결할 것인가를 고민하다가 일단은 사람들이 드나드는 곳마다 인사멘트를 써넣기 시작했단다.

"서로 웃으며 인사해요" "안녕하세요, 좋은 아침입니다" 등 인사에 관한 다양한 멘트를 곳곳에 붙여놓고 인사를 시작한 것이다. 이를 보던 지사장님이 점점 변하면서 서로 인사하자고 말하기 시작했으며 다른 이들도 점점 변하기 시작하면서 그 지사의 분위기가 예전과 달리 많이 좋아졌다는 것이다. 그분과의 관계도 물론 좋아졌다고 한다. 그런데 그분의 말씀은 이렇게 서로 웃으며 인사하니 업무에서도 서로 협조가 잘되기 시작하며 고객을 만날 때도 자연스럽게 웃으며 인사하게 되더라는 것이다. "웃으며 인사해요"라는 문구를 통해 내부고객만족과 외부고객만족에 영향을 주게 된 것이다. 또한 한 직원의 철학이 지사장님의 협조를 받아 그 지사의 분위기를 바꾸며 영향력을 발휘하게 된 것이다.

# ❗ 삼박자를 갖춰라! 친절보다 지식

서비스를 하는 사람이 가장 기본적으로 갖추어야 하는 것이 있다면 무엇일까?

이렇게 질문을 하면 많은 사람들은 친절이라 생각하며 답을 한다. 물론 틀린 답이라고 할 수는 없다. 서비스하는 사람이 친절하지 않고 어떻게 서비스직에 근무할 수 있다는 말인가? 하지만 친절하다고 모든 것이 다 해결될까? 결단코 그렇지 않다. 특히 지금의 고객은 단순한 친절만을 원하지 않으며 단순한 친절만으로는 고객의 Needs를 채워줄 수 없다. 친절보다 먼저 갖추어야 할 요소가 있다. 바로 지식이다.

내가 은행에서 처음 강의를 시작했을 때의 일이다. 각 지점 컨설팅을 위한 고객 니즈를 파악하기 위해 현장 모니터링을 자주 하곤 했었다. 고객들이 무엇을 원하며 우리의 직원들은 현재 고객응대상태가 어떠한지 살펴보는 것이다. 또한 필요하다면 인터뷰도 직접 실시하며 교육을 실시하게 된다. 어느 날 현장 모니터링을 위하여 객장에 서 있는데 한 고객이 내가 지점에서 근무하는 직원인 줄 알고 은행상품에 대하여 질문을 한다.

"청약저축을 하려고 하는데요. 청약예금과 청약저축이 어떻게 다른가요?"

순간 당황스러웠다. 사실 서비스 현장 컨설팅에는 자신이 있었지만 은행상품에 대해서는 잘 알지 못했기 때문에 고객이 원하는 답을 줄 수 없는 상황이었다. 또한 지점의 직원들이 나를 바라보는 상황인지라 친절을 강조하는 강사로서 친절하게 응대해야 하는 상황이었다. 그래서 다음과 같이 친절을 더하여 "죄송합니다. 고객님, 제가 여기 직원이 아니라 본사에서 나왔습니다. 그 부분은 제가 지점에 계시는 다른 담당자분에게 연결해 드리겠습니다"라고 밝은 표정으로 대답하였다.

나의 대답이 잘못된 답변은 아니었다. 하지만 고객은 그렇게 밝고 친절하게 말한 나에게 한마디를 건네고 사라졌다. "알지도 못하면서 웃기는 왜 웃어?" 참으로 당황스런 고객의 반응이었다. 하지만 고객의 입장에서 생각해보면 고객의 심리가 그대로 표현된 반응이라 할 수 있다. 고객은 그 상황에서 친절보다는 자신의 질문에 대한 답변을 듣고 싶었던 것이다. 하지만 친절을 너무 강조하며 응대했던 그 대답은 고객에게 가식적이라는 느낌을 줄 수 있었던 것이다. 그리고 고객의 반응에는 '나는 친절보다는 답변을 해줬으면 좋겠어!'라는 Needs가 포함되어 있었던 것이다.

간혹 현장 서비스 담당자들이 오해하는 경우가 있다. 무조건 친절해야 한다고 생각하는 것이다. 하지만 무조건 친절해야 한다는 것은 서비스 제공자의 입장이다. 서비스 제공자 입장에서 또는 기업의 입장에서 친절하기만 하다는 것은 고객에게 책잡히지 않아야 한다는 마인드가 깔려 있다. 고객의 불만을 사지 않아야 한다는 것이다. 하지만 고객에게 책잡히지 않도록 친절해야 한다는 마인드로는 결단코 친절을 전달할 수 없다. 고객은 이제 단순한 친절로는 만족하지 않는다. 친절과 함께 고객의 숨은 Needs를 충족시켜 주어야 한다. 그래야 고객은 친절하다고 느끼게 되는 것이다.

그렇다면 고객의 숨은 Needs에는 무엇이 있을까? 앞에서 언급한 은행의 고객처럼 질문에 대한 답변을 원하는 경우도 있으며, 때로는 고객에 대한 감정적인 공감을 원할 때도 있다. 때로는 문제 해결을 원하며 때로는 고급정보를 원하기도 한다. 또한 존중받고 인정받고 싶은 심리 등 상황에 따라, 사람에 따라 그 Needs는 매우 다양하다.

하지만 나는 가장 기본적으로 갖추어야 할 서비스 요건 중 하나는 바로 지식이라 말하고 싶다. 서비스를 하는데 기본적인 지식 없이 어떻게 친절하다 할 수 있단 말인가! 은행에서는 은행상품을 꿰고 있으며 어떤 질문에도 답할 수 있어야 한다. 그리고 향후 이 고객에게는 어떤 상품을 추천해야 가장 적합한지를 찾을 수 있는 눈을 가지고 있어야 한다. 병원에서도 마찬가지다. 질병에 대한 치료만을 해주는 것이 아니라 왜 이러한 현상이 일어났는지, 그대로 방치했을 때 향후 어떻게 되는지, 치료를 위해서는 무엇을 어떻게 해야 하는지 납득시켜줄 수 있는 지식과 설명이 필요하다. 옷을 판매할 때도 현재 옷의 트렌드를 알려줄 수 있어야 하며 이 옷이 왜 고객에게 잘 어울리는지를 설명할 수 있어야 한다. 물건을 판매할 때는 다른 제품과 비교하여 장점 및 특징은 무엇인지를 설명할 수 있어야 한다.

특히 현재는 지식산업의 시대이다. 고객은 상품에 대하여 궁금해하고 질문하는 것을 좋아한다. 그들은 많은 정보를 알고 있으며 다른 상품과 비교하여 질문하며 따지고 든다. 고객의 질문에 대한 명쾌한 답이 필요하다. 또한 추가적인 지식의 정보를 전달할 필요가 있다. 질문했을 때 이에 답하지 못한다면 신뢰가 사라지기 시작한다. 지식을 통해 신뢰감을 주며 각각의 분야에서 컨설팅해줄 능력을 요구한다. 제아무리 친절하게 응대했다 하더라도 고객의 알고자 하는 욕구를 채워주지 못한다면 고객은 만족할 수 없다. 그래서 기본적으로 갖추어야 하는 요건 중 하나가 지식이다. 이 지식을 통하여 직원은 계속적으로 고객을 관리할 수 있으며 판매로 연결시킬 수 있다. 그리고 고객과 동반자적인 관계를 맺어나갈 수 있게 된다.

고객에게 사랑받는 기업들은 직원들에게 상품에 대한 교육을 끊임없이 실시하고 있다. 그래서 단순히 서비스하는 사람이 아닌 전문가로 지칭할 수 있도록 교육하며 더불어 그들의 자존감을 높이고 있다. 스타벅스의 경우 직원이 되면 80시간의 교육훈련을 받게 된다. 또한 각각의 직급에 맞는 교육프로그램이 존재한다. 그리고 오프라인은 물론 온라인 교육 등의 다양한 형태로도 교육이 이루어지고 있다. 내가 아는 모 기업은 신입사원으로 입사 시 100시간 이상의 교육을 3차에 걸쳐 실시하고 있다. 교육은 업무에 대한 교육과 고객응대 서비스에 대한 교육으로 나누어지며 교육 후 일정의 실습시간을 통해 정식으로 고객을 응대하게 된다. 교육을 받게 되면 그 분야의 전문가로서 당당하게 자신감을 가지고 응대할 수 있게 된다고 한다. 교육을 통해 습득한 지식은 단순한 서비스를 넘어 당당한 서비스로 이어지며 이를 통하여 고객들에게 전문가로 불리며 고객들이 계속해서 그들을 찾게 만드는 이유가 된다.

또한 그러한 지식을 통해서 많은 사람들에게 필요한 지식을 나눠주고 있다. 지금은 평생교육의 시대라고 한다. 계속적인 공부는 누구에게나 필요한 것이다. 하물며 내가 하고 있는 분야에 대한 지식의 확충은 기본적인 것이라 할 수 있다. 특히나 지금은 빠르게 변화하는 환경 속에서 살아가고 있다. 실시간으로 변화하는 기술에서부터 고객의 변화까지 캐치할 수 있어야 한다. 이에 맞추어 변화하는 자만이 살아남으며 고객에게 신뢰감을 더하고 계속적인 성장을 이룰 수 있을 것이다.

#  삼박자를 갖춰라! Skill

10년째 레스토랑을 운영하며 똑같은 메뉴와 방법으로 요리를 한다면 그 요리사는 전문가일까? 숙련가일까? 10년째 병원을 운영하며 똑같은 방법으로 진료와 처방을 하고 있다. 그 의사는 숙련가일까? 전문가일까? 미용실을 운영하는데 머리하는 스킬이 10년간 변하지 않은 채 그대로 머리를 만지고 있다면 전문가라 할 수 있을까?

흔히 우리는 전문가를 언급할 때 숙련가와 비교하여 설명한다. 숙련가와 전문가는 어떻게 다를까? Naver 사전의 정의를 살펴보면 숙련가는 '어떤 일을 능숙하게 익힌 사람'으로 정의되어 있고, 전문가는 '어떤 분야를 연구하거나 그 일에 종사하여 그 분야에 지식과 경험을 가진 사람'으로 정의되어 있다. 즉 어떤 일을 능숙하게 한다고 해서 그 사람이 그 분야에 전문가는 아니라는 것이다. 그 분야에 대한 전문지식을 가지고 있으며 그 지식을 활용하여 창의성을 가미한 새로운 방법으로 문제의 해결점을 찾으며 개선할 수 있는 자신만의 노하우를 가진 사람을 진정 전문가라 할 수 있을 것이다. 요즘에는 전문가를 요구하는 시대에 살고 있다. 요리를 할 때도 병원에 갈 때도 머리를 할 때도 전문가를 찾아 나선다.

그럼, 전문가에게 찾아가면 어떤 이익이 있을까? 그들은 지식과 함께 궁금한 니즈를 채워줄 뿐만 아니라 좋은 결과물을 안겨준다. 문제를 해결해준다. 내가 예전에 다녔던 미용실 원장님의 경우 너무나도 친절하셨던 분이었다. 그분은 미용에 관련된 공부도 많이 하셨으며 다년간의 미용실 운영경험을 토대로 사람의 마음을 잡는 데도 노련하셨다. 모든 것이 만족스러웠다. 하지만 머리를 하고 나면 별로 마음에 들지 않았다. 지식은 많은 것 같은데, 사람은 괜찮은 것 같은데, 미용에 대한 스킬은 약간 부족한 느낌이었다. 미용실에 들어갈 때, 그리고 원장님과의 대화는 유쾌하며 기분 좋았으나 머리를 한 후 미용실을 나설 때면 언제나 아쉬움이 남았다. 참으로 안타까웠다.

반면 모 프랜차이즈 미용실에 있는 김 모 디자이너 선생님의 경우는 예약을 하고 갔지만 불가피하게 1시간을 기다려야 하는 상황이 종종 발생했다. 하지만 1시간을 기다린다 하더라도 꼭 이 선생님한테 머리를 하고 싶다는 생각이 든다. 그 선생님은 스킬이 뛰어나기 때문이다. 한번은 스킬이 뛰어난 반면 어려보이는 외모에 나이를 넌지시 물어보았다. 약 30세쯤으로 대답을 했다. 그리고 고등학교를 졸업하고 바로 미용계로 뛰어들어 감각을 익혔다고 한다. 그리고 관련 대학을 나오지 않았기 때문에 혼자서 무지하게 연습하면서 감각을 익히며 공부했다고 한다. 그래서 지금은 어떤 사람이든 그 사람의 스타일에 맞게 머리를 하면 대부분의 고객은 마음에 들어한다고 했다.

그리고 덧붙이는 말이 있었다. 그 미용실의 프랜차이즈 기업에서는 정기적으로 교육을 한다는 것이다. 모든 디자이너 선생님이 교육을 받고 계시지만 그 교육을 어떻게 자기 것으로 만드느냐에 따라 잘하는 사람과 못하는 사람으로 나뉠 수 있다는 것이다.

똑같은 교육을 받더라도 스킬은 달라질 수 있다는 것이다. 바로 기본적인 원리와 스킬을 나의 Skill로 만드느냐의 차이일 것이다. 각 서비스 산업 현장에서 사용되는 똑같은 원리를 나만의 방법과 know-how로 만드는 것은 중요하다. 앞에서도 언급한 바이지만 서비스의 특징에는 이질성이 있다. 어떤 사람이 서비스를 하느냐에 따라 서비스의 품질과 만족도는 충분히 달라지게 된다. 똑같은 기계를 사용하고 똑같은 매뉴얼대로 수행했다 하더라도 누가 했느냐에 따라 품질은 달라질 수 있으며 고객만족도는 충분이 달라진다. 따라서 매뉴얼을 뛰어넘는 나만의 스킬을 개발할 필요가 있는 것이다.

언젠가 각 기업의 CS 담당자들이 모여 매뉴얼이 필요한가에 대하여 대화를 나눈 적이 있었다. 어느 분에 의하면 그 기업에서는 매뉴얼대로 하다 보니 직원들이 기계적으로 응대를 하더라는 것이다. 그럴 바에는 차라리 매뉴얼 없이 각자의 개성을 담아 응대하는 게 낫지 않느냐는 것이다. 듣고 있던 다른 기업의 담당자는 매뉴얼은 꼭 필요하다고 말한다. 그 이유에 대하여 그녀는 신입이 들어왔을 경우 그들은 매뉴얼을 보고 어떻게 해야 하는지를 익히게 되며 꼭 지켜야 하는 부분을 인지하게 된다는 것이다. 어느 정도 일리가 있는 말이다.

어느 외국계 회사에 다니는 분은 본사가 외국에 있고, 우리나라 지사에서 근무한다. 그 회사는 매뉴얼이 매우 잘돼 있어서 아침이면 방송에서 매뉴얼을 설명하므로 이를 시청해야 한다고 한다. 매우 잘된 매뉴얼 덕분에 일이 수월하게 이루어지기도 하지만 매뉴얼이 본사가 있는 외국의 기준으로 되어 있어 지사인 우리나라에서 적용하기 힘들어 업무를 하면서 굉장히 힘든 경우가 많다며 융통성이 필요하다는 얘기를 한 적이 있었다.

이는 외국계 회사만의 문제가 아닐 것이다. 본사와 지사로 된 기업 등 각각의 상황과 환경에 따라 분명 다를 수 있다. 또한 신입과 고객응대에 능숙한 경력직이냐에 따라 매뉴얼의 가치는 달라지며 의존도 역시 많이 달라질 수 있다. 결론적으로 매뉴얼은 필요하되 매뉴얼을 넘어서는 고객응대가 필요한 것이다.

기업체의 교육에서는 선배들의 know-how에 관한 강의시간을 배정하는 경우가 있다. 그 시간을 통해서 그동안 몰랐던 부분에 대하여 깨닫게 된다. 하지만 선배들의 know-how를 배우는 것에 그치지 말고 그 방법을 완전히 나의 것으로 만드는 것이 중요하다. 나는 선배님들의 know-how에 좀 더 무엇을 어떻게 추가할 것인지, 그리고 나에게는 어떤 방법이 나을 것인지를 분석하여 나만의 노하우를 만들어야 한다. 가끔씩 선배들의 know-how에 관한 교육을 듣고 그대로 했는데 본인은 좋은 성과가 없었다는 등의 얘기를 듣는 경우가 있다. 이는 바로 선배들의 노하우를 따라하기만 했기 때문일 것이다. 그냥 따라하는 것이 아니라 그 방법을 나만의 것으로 만들어야 한다.

서비스 현장에서의 전문가는 바로 이런 것이 아닐까? 기본적인 이론과 매뉴얼이 있더라도 나만의 스킬과 나만의 노하우가 있는 사람, 그 사람은 더욱더 공부하게 되며 더욱 좋은 품질을 위해 노력하게 된다. 결국 자기 분야에서 끊임없이 발전하며 성공하게 된다. 나에게 특별한 skill이 없다고 생각하는가? 그렇다면 자신만의 skill을 위해서 끊임없이 노력해야 한다. 스킬을 통해 전문가로 인정받아야 한다. 고객은 그 분야의 전문가를 찾기 때문이다.

또한 자신만의 스킬은 자신의 일에 있어서 자신감을 부여하게 된다. 더욱더 성장하게 되는 발판이 되는 것이다. 그런 사람들은 무슨 일을 하든지 자신감을 통해 자신의 능력을 펼치게 된다. 그리고 고객들은 그렇게 노력하는 전문가를 알아보고 찾게 된다.

# ❗ 삼박자를 갖춰라! 몰입과 열정

오늘 우연히 길을 걷다 백다방 앞을 지나게 되었다. 백다방 앞에서 아이스 캐러멜 마키아토를 들고 서 있는 고객을 보며 나 역시 주문하게 되었다. 다른 커피숍과 달리 큰 용량의 커피가 내 앞에 서비스되었다. 큰 용량의 아이스 캐러멜 마키아토를 보니 참으로 만족스러웠다. 나의 경우에는 무엇보다 두고두고 마실 수 있는 큰 용량의 커피가 중요하기 때문이다. 특히 테이크 아웃은 더욱 그렇다. 어쨌든 백다방에서 주문한 '아이스 캐러멜 마키아토'를 마시면서 예전에 직장생활하면서 하루에 한 번씩 꼭 마셔야만 일을 할 수 있었던 때가 생각이 났다.

그때 당시 나는 MBA를 야간에 다니면서 주간에는 이직을 하여 회사에 다니고 있었다. 이직 당시 대학원 재학 중인 것을 밝히지 않아서 상사한테 미운털이 약간 박힌 상태였다. 그리고 나의 상사는 사내에서도 직원들에게 만만치 않은 상사로 유명한 분이셨다. 이런 상사 밑에서 미운털까지 박힌 상태로 대학원 석사공부를 한다는 게 만만치는 않았다. 하지만 그 당시 나는 한참 공부에 재미를 느꼈고 일에도 재미를 느꼈던 것 같다. 하지만 밤에는 학교에 다니며 주간에는 회사에서 일을 하려니 오후 시간에는 언제나 밀려드는 졸음을 어찌할 수가 없었다. 그래서 졸음이 오면 바로 밖으로 나가 차가운 '아이스 캐러멜 마키아토'를 마셨던 기억이 난다. 일반 커피로는 졸음을 깰 수 없었지만 오로지 '아이스 캐러멜 마키아토'만이 나의 졸음을 없애주었던 것이다. 특히 한겨울에 마시는 차가운 '아이스 캐러멜 마키아토'는 정신을 바짝 차리게 해준다. 그리고 커피를 마신 후에는 또렷한 정신으로 업무에 몰입하며 열심히 일했던 기억이 난다.

내가 커피를 마신 후에는 열심히 일해야 했던 이유가 있었다. 나의 상사는 만만치 않은 분이었으며 야간에는 대학원에 가야 했기 때문이다. 또한 나의 상사가 나에게 정서적인 지지를 해주지 않는다고 생각했기 때문에 나는 일에 있어서는 좋은 성과를 내야 한다는 압박감을 가지고 있었다. 그 당시 주간에는 상사의 눈치를 보며 열심히 일하려 노력했고 야간에는 석사공부와 숙제에 매달렸으며 주말에는 회사에서 실시하는 독서통신과 학교 과제를 해야 했다. 당시 상사는 한 달에 한 권씩 직원들에게 독서통신하도록 권했지만 책 욕심이 많은 나는 한 달에 2권을 신청하여 주말 토요일 오전이 되면 어김없이 커피숍으로 달려나가 책을 읽으며 독서통신을 했었다. 지금 생각해보면 좋지 않은 환경 속에서도 일과 공부에 재미를 느끼며 일에 몰입하여 열심히 생활

했던 시기였던 것 같다.

그래서 나는 가끔 나의 열정이 식었을 때쯤 차가운 아이스 캐러멜 마키아토를 마셔본다. 그리고 그때를 떠올린다. 그때 나의 상사는 몇 년 뒤 임원이 되셨고 몇 년 후 회사를 떠나셨다고 전해 들었다. 그렇게 떠나실 거면 좀 더 잘 지낼걸 하는 아쉬움이 남지만 지금 생각해보니 그때의 상사에게 고마움을 전하고 싶다. 그 당시 나는 일에 재미를 느꼈던 만큼 상사의 업무지시는 내가 여러 종류의 일을 많이 경험할 수 있는 기회가 되었으며 그 당시의 상황에서 일에 대한 몰입을 경험할 수 있는 계기가 되었던 것이다. 오늘 백다방의 '아이스 캐러멜 마키아토'를 마시며 예전 일을 생각하니 우리가 직장생활에서 갖춰야 할 중요한 것 중 하나가 일에 대한 열정과 업무에 대한 몰입이 아닐까 하는 생각이 들었다.

나는 삶에 대한 열정을 글로벌 성공시대 프로그램에 나오는 주인공들을 보면서 느낀다. 그들을 보면 참으로 존경스럽다. 어려운 환경 속에서도 열심히 일하며 어떻게 저렇게 성공할 수 있었을까를 살펴보면 그들에게는 자신이 하는 일과 삶에 대한 열정이 있었다는 공통점을 발견할 수 있었다. 그중에 김태연 회장을 소개하고 싶다. 김태연 회장은 세계 70여 개국 이상에 지사를 두고 있는 글로벌 기업 '라이트 하우스 월드와이드 솔류션스'의 회장이다.

그녀는 정월 초하루에 태어나 '집안 말아먹을 년' '재수 없는 년'이라는 욕설과 폭력 속에서 어린 시절을 보내게 된다. 그리고 도망치듯 미국행을 선택한다. 그리고 미국에서 청소부로 시작하여 온갖 궂은일을 하게 된다. 하지만 '언젠가는 내가 잡초도, 풀 한 포기마저도 나 김태연을 알게 하리라'라는 다짐을 하며 어려운 상황과 환경을 이겨내게된다. 도중에 유산과 암과 이혼의 아픔을 겪게 된다. 하지만 태권도에대한 열정으로 세계 최초의 여성 그랜드 마스터의 자리까지 오르며 미국 국가대표팀의 감독과 국제심판으로 임명되기도 한다. 불량 청소년들에게 태권도를 가르치며 아홉 아이들의 엄마가 되기까지 한다. 그리고 청소부로 근무할 때 보았던 곰팡이를 없앨 수 있는 방법을 생각하면서 벤처기업을 시작하게 된다. 그리고 라이트 하우스 모니터링시스템을 발명해 성공의 발판을 다지면서 계속적인 성장을 이루게 된다.

그리고 김태연 회장은 자신이 성공할 수 있었던 이유에 대하여 할수 있다는 신념, 즉 'He can do, she can do, why not me!'를 말하고 있다. 그리고 그녀는 우리에게 "오늘이 생애 마지막 날이라는 생각으로 살아가세요. 하루하루 최선을 대해 사는 법을 배워야 합니다"라고 말하고 있다.

참으로 존경스러운 삶과 일에 대한 열정적인 모습을 볼 수 있다. 김태연 회장과 똑같은 삶은 아닐지라도 각자의 삶에 대하여 '할 수 있다'는 신념을 가지고 산다는 것은 중요하다 할 것이다. 그리고 이러한신념이 자신의 삶과 일에 대한 열정을 불어넣어줄 수 있을 것이며 이는 일에 대한 몰입으로 나타날 수 있을 것이다. 이러한 열정과 몰입은우리가 직장생활 및 고객응대 현장에서 갖춰야 할 기본적인 태도에 해당될 수 있을 것이다.

세계 3대 경영석학이라 불리는 『초우량 기업의 조건』의 저자인 톰피터스는 "개별 조직 구성원의 정보처리 능력의 한계와 조직 구성원이 가진 몰입과 열정이라는 강점에 주목하는 조직이 초우량 기업의 기본 조건이다"라고 말한 바 있다. 칙센트미하이 교수는 "일에 대한 몰입을 경험함으로써 행복을 경험하게 된다"고 말했다. 많은 학자들 역시 몰입에 대하여 일 또는 운동, 그리고 취미활동을 통해서 몰입을 경험할수록 즐거움과 만족감, 행복감이 커진다고 밝히고 있다.

또한 행복한 직장생활을 위하여 자신의 긍정정서를 발달시키는 것 역시 중요하다. 우리 사람에게는 자신에게 발달된 강점이 존재한다. 하지만 일반적으로 자신의 강점보다는 자신의 약점 및 부족한 점에 집중함으로써 자신의 능률 및 성과를 약화시키는 결과를 낳게 된다. 하지만 자신의 강점을 발달시킨다면 자신감을 갖게 되며 행복감을 느끼면서 자신의 일에 몰입하는 결과를 낳게 된다. 나의 강점이 무엇인지 알고 있는가? 그렇다면 그러한 강점을 발달시키기 위하여 나의 삶의 영역에서 강점을 발달시키기 위해 무엇을 어떻게 해야 하는지 찾아보자. 이러한 활동은 나의 직장생활에 활기와 에너지를 불어넣어줄 것이다. 그리고 이는 열정으로 확장될 수 있을 것이다.

상황과 환경은 각자가 다를 수 있으나 일을 대하는 태도는 자신이 결정할 수 있다. 자신의 일에 대한 열정을 불태울 때 자신의 일에 몰입할 수 있으며 이는 곧 자신의 성장으로 이어진다. 또한 이는 기업의 성장으로 연결된다. 또한 자신의 일에 열정을 다하면 일을 통한 몰입을 경험하게 되며 이에 따라 자신의 일에 대한 행복감과 삶에 대한 행복감을 느끼게 된다. 각자의 삶 속에서 열정과 몰입의 실천을 통해 행복을 경험하기를 기대해본다.

# 서비스 조직의 리더십, 신뢰감을 더하라

"장수된 자의 의리는 충을 좇아야 하고 충은 백성을 향해야 한다."

"백성이 있어야 나라가 있고 나라가 있어야 임금이 있는 법"

"살고자 하면 죽을 것이요, 죽고자 하면 살 것이다."

위 대사는 2014년 1,000만 관객을 돌파했던 '명량'의 명대사다. 명량을 통해 우리는 이순신의 삶을 재조명하면서 이 시대에 던지는 리더십에 대하여 다시 한 번 생각하게 만드는 영화라는 평을 받았다. 영화는 이순신의 두 가지 리더십을 잘 보여주고 있다. 첫 번째는 살신성인의 솔선수범의 모습이며, 두 번째는 충의 모습이 임금이 아닌 백성을 향해야 한다는 그의 대사에서 백성에게 신뢰받을 수밖에 없는 신뢰의 모습을 볼 수 있다. 그리고 이러한 이순신의 리더십은 현재 서비스 조직에서 필요한 바람직한 리더의 모습을 보여주고 있다. 서비스 조직에서 역시 신뢰받는 리더의 모습과 솔선수범하는 모습은 매우 중요한 요소로 각각의 상황에서 서비스의 품질과 업무의 향상 및 고객의 만족도에 큰 영향을 미치게 된다.

현재 기업의 조직은 과거 상명하복의 수직적인 구조에서 수평적인 구조로 변하고 있다. 특히 요즘 젊은 세대들과 함께하는 조직에서는 수평적인 구조에서 리더십을 발휘할 수 있어야 한다. 과거 상명하복의 수직 구조에서 이루어졌던 무조건적인 명령으로는 영향력을 발휘하기가 어려워진 것이다. 예전의 직장생활을 떠올려보면 직장상사가 아니더라도 선배의 말이라면 무조건적으로 따랐던 것을 기억한다. 또한 선배들은 선배라는 이유로 강한 파워를 가지며 리드했다. 아마도 후배들이 잘 따라줬기 때문에 그러한 리더십이 가능했을 것이다. 하지만 지금은 신입사원도 시대가 변하고 있으며 리더십이 변하고 있다는 것을 잘 알고 있다. 이제는 강한 리더십이 아니라 솔선수범과 신뢰의 모습을 보여주어야 한다.

그럼 첫 번째, 솔선수범의 모습은 어떻게 이루어져야 하는 걸까? 이순신은 살신성인으로 솔선수범의 모습을 보여주었다. 서비스 조직에서는 살신성인의 정신으로 현장에 나가야 한다고 말하고 싶다. 현장에서 리더십을 발휘할 수 있어야 한다. 즉 현장 일선의 업무를 잘 알아야 한다는 것이다. 그리고 모든 일에 책임을 질 수 있어야 한다. 현장의 업무를 모르면 현장의 직원에게 휘둘리게 된다. 식당을 한다면 요리사와 같이 요리를 할 줄 알아야 하며 제품을 판매하는 곳이라면 제품에 대한 설명을 통해 판매할 수 있어야 한다. 또한 은행에서의 책임자는 창구의 업무를 꿰고 있어야 한다.

모 은행의 지점장님은 기업을 대상으로 대출을 해주게 되는데 그 기업의 CEO와 대화를 하다 보면 그 기업이 계속적인 성장을 할 수 있을 것인지에 대하여 판단할 수 있다고 한다. 그 기준은 바로 CEO가 그 기업의 본 업무에 대한 전문지식을 얼마나 가지고 있으며 이를 다룰 수 있느냐에 달렸다는 것이다. 그 분야에 대한 전문지식과 기술이 없으면서 마케팅만 하거나 관리만 한다면 그 기업의 성장은 장담하기 힘들다는 것이다. 이렇듯 리더에게는 현장의 업무에 대한 지식이 필수 요건이다. 뿐만 아니라 직원의 실수나 위기에서 직원을 책임질 수 있어야 한다. 직원의 잘못을 대신하여 고객에게 사과하며 자신을 희생하더라도 상황을 수습할 수 있어야 한다. 이런 모습을 보인 리더에게 부하직원은 무한한 신뢰를 하게 된다. 권한과 함께 책임을 잊지 않는 리더의 모습으로 현장에서 리더십을 발휘할 수 있어야 한다.

두 번째, 서비스 조직에서 리더는 리더로서 신뢰의 모습을 보여주어야 한다. 이순신은 충이 임금이 아닌 백성을 향하는 모습을 통해 백성에게 신뢰받는 모습을 보여주었다. 서비스 조직에서는 백성, 즉 직원에 대한 관심과 애정의 표현을 통해 신뢰를 보여줄 수 있어야 한다고 말하고 싶다.

그렇다면 신뢰란 무엇인가? 데니스 루소 카네기멜론대학 교수는 "상대방의 의도나 행동에 대한 긍정적인 기대에 근거해 취약함을 감수하려는 의도로 구성된 심리적 상태"라고 정의했다. 즉 상대방에게 바라는 긍정적인 기대를 위해 혹시 모를 이용가능성에도 기꺼이 감수하겠다는 상대방에 대한 완전한 믿음이다.

2011년 미국 Blessing White컨설팅사에서 직장인 4,000명을 대상으로 한 조사에 의하면 자신의 상사를 '언제나 신뢰한다'라고 응답한 비율은 20%인 것으로 나타났다. 2010년 영국 CIPD사에서 직장인 3,000명을 대상으로 한 설문 역시 '리더십 발휘를 위해서는 임원진들이 우선적으로 신뢰를 회복해야 한다'고 응답한 비율이 약 80%로 나타났다. 취업포털 '잡코리아'와 출판사 '알키'는 남녀 직장인 1,095명을 대상으로 '조직 내의 리더 신뢰도'에 관한 설문조사를 실시했다. 설문결과 56.3%가 리더에 대해 '신뢰한다'고 답했다. 리더에 대한 신뢰가 가장 높은 기업은 '공기업'이 69.4%로 나타났으며, '대기업'은 60.3%, '중소기업'이 53.5%, '외국계 기업'은 49.0% 순으로 나타났다. 즉 리더의 신뢰가 문제로 드러나고 있음을 알 수 있으며 리더로서의 신뢰의 회복이 필요하다는 것을 알 수 있다.

신뢰는 업무의 몰입도에 중요한 요소로 꼽히고 있다. 갤럽의 조사에 의하면 몰입도가 매우 높은 직원은 95%가 경영진을 신뢰하고 있었지만, 몰입도가 매우 낮은 직원은 45%만이 경영진을 신뢰하고 있었다.

언젠가 지인들과 자리를 함께한 적이 있었다. 그 자리에는 중소기업의 대표분이 계셨는데 직원 이야기를 하면서 요즘 직원들은 예민하다는 것이다. 어떤 점이 예민하냐고 질문하자, 자신이 누군가에게 관심을 표현하면 그 직원만 예뻐하는 줄 안다고 한다. 그리고 관심표현을 받지 않은 직원은 자신에게 안 좋은 감정을 가진 줄 안다면서 사실은 그런 게 아니라는 것이다. 그러자 그 말을 듣고 있던 다른 여자분이 반대의 의견을 내놓는다. 자신도 직장을 다니지만 리더가 자신에게 관심을 표현하지 않으면 별로 안 좋아하는 것으로 느끼며 직장생활의 만족도가 떨어지고 급기야 불안해진다는 것이다.

영국의 정신과 의사인 존 볼비(John Bowlby)는 엄마와 아기의 애착관계에 따른 흥미로운 실험을 했다. 엄마와 아기가 낯선 방에서 장난감을 가지고 놀게 하다 도중에 엄마는 방을 떠나고 낯선 사람이 들어오게 된다. 그리고 다시 엄마가 들어왔을 때 유아의 반응을 관찰하게 되는데 아기의 반응에 따라 안정애착, 불안정 애착으로 구분된다. 안정애착은 엄마가 방을 나갔을 경우 불안해하지만 곧 안정을 찾게 된다. 반대의 경우는 계속적인 불안한 모습을 보이게 된다. 이 두 반응을 보이는 아기들의 특징은 부모가 아이와의 애착관계, 즉 얼마나 안정적인 기지를 마련해 주었냐에 따라 달라진다는 것이다. 이러한 영향은 향후 사회생활에서도 영향을 미치게 된다고 한다.

존 볼비의 애착이론과 같이 사회생활에서 리더와 직원 간의 관계 속에서도 이 이론은 적용될 수 있을 것이다. 얼마나 정서적으로 리더의 지지를 받고 있느냐에 따라 직원은 안정감을 가질 수 있을 것이며 이는 곧 업무의 몰입으로 나타나게 될 것이다. 직원이 리더의 관심표현을 받지 못하게 된다면 불안한 것은 당연할 것이다. 당연히 업무의 몰입도도 떨어지게 된다. 또한 직원의 업무 몰입이 중요한 이유가 있다.

칙센트미하이의 『몰입의 경영』에서는 매슬로의 '자아실현의 욕구'를 언급하며 개인이 가지고 있는 모든 역량을 자신의 일에 몰입하여 집중할 때 그 개인은 자아실현을 통한 행복감을 느끼게 된다고 설명하고 있다. 즉 행복감을 느끼며 일하기 때문에 업무의 성과는 높아질 수밖에 없으며 또한 업무에 몰입하면서 일하는 동안 행복감을 느끼게 된다는 것이다.

이는 곧 서비스 조직에서 그대로 고객의 서비스에 영향을 미치게 된다. 그런 의미에서 리더는 모든 직원이 정서적으로 안정감을 가지며 업무에 몰입할 수 있도록 신뢰감을 줄 수 있어야 한다. 즉 직원에 대한 관심과 애정의 표현을 통해서 신뢰를 보여줄 수 있어야 한다고 말하고 싶다.

예전 직장의 콜센터 부서는 업무로 인해 스트레스가 많았던 조직이었다. 특히 보험회사에서 보험을 심사하는 곳인 그곳은 보험설계사분들과 보험심사문제로 갈등이 있었으며 이에 따른 스트레스가 많았다. 이로 인하여 그곳은 업무의 분위기도 매우 삭막하였다. 이러한 분위기에 불만의 목소리가 계속적으로 나오게 되자 윗선에서 그곳의 분위기를 바꾸라는 요청이 있었으며 그 요청은 나에게 그곳의 친절도를 높이라는 업무로 이어졌다. 보험설계사분들에게 좀 더 친절하게 응대하도록 하라는 업무가 주어진 것이다. 과연 이런 분위기에서 교육만으로 친절도를 높일 수 있을까?

나는 친절도를 높이기 위한 첫 번째 활동으로 리더 교체를 보고서에 올렸다. 물론 그 당시 리더분이 부족한 것은 없었으나 매우 삭막한 분위기에서 필요한 리더는 직원들을 감정적으로 컨트롤할 수 있고 함께 공감하며 감성을 일깨워줄 수 있는 분이 필요하다고 판단했기 때문이다. 다른 부서에서 발탁되어온 리더는 남성분으로 유머러스한 분이셨다. 직원들의 감정을 잘 파악하며 풀어낼 수 있도록 돕는 역할을 잘해내는 분으로서 예전과 달라진 분위기로 변화했다는 얘기를 전해 들었다.

　서비스 조직에서는 직원의 감정이 곧바로 서비스의 질에 영향을 미치게 된다. 그렇기 때문에 직원의 감정을 잘 다스릴 수 있고 관계를 잘 맺으며 컨트롤해주는 리더가 필요하다. 또한 현장에서 일선의 업무를 꿰고 있으며 그러한 지식들을 통해 리더십을 발휘할 수 있는 현장형 리더십이 필요하다. 현장형 리더십과 직원의 신뢰가 함께 이루어질 때 서비스 조직은 고품질의 서비스를 고객에게 고스란히 전달할 수 있게 된다.

# 04.

## 서비스 스킬,
## 고객경험을 완성시키다

# 10인 10색, 추임새를 넣어라

판타스틱 듀엣이라는 방송을 잠깐 보게 되었다. 김흥국 씨가 출연하여 자신과 듀엣곡을 부를 가수를 선택하는 장면이었다. 선택 대상의 가수는 3명으로 김태우, 김건모, 바다가 각각 김흥국의 호랑나비를 잠깐씩 부르게 된다. 김태우 씨가 먼저 첫 소절을 부르는데 '역시 김태우다'라는 생각이 들었다. 시원한 음색 등 전달력이 뛰어나다. 그리고 김건모 씨가 부르자 또다시 '역시 김건모다'라는 생각이 든다. 김건모 씨의 특이한 음색은 "내가 바로 김건모야"라고 말하는 듯했다. 그리고 마지막 바다 역시 뛰어난 성량으로 부른다. 결국 김흥국 씨는 누구를 자신의 파트너로 선택했을까? 김흥국 씨가 선택하기 전 다른 팀의 가수가 김흥국은 김건모를 선택할 거라고 얘기한다. 그 이유에 대하여 김건모가 노래를 부를 때 "그렇지, 그렇지" 하며 김건모에게만 추임새를 넣었다는 것이다. 결국 김흥국 씨는 예상대로 김건모를 선택했다.

이 장면을 보며 사람에게는 각자의 개성이 존재하고 자신의 개성을 얼마나 잘 표현하느냐에 따라 노래실력에 큰 영향을 주며 이는 명가수를 결정지을 수 있는 중요한 요소가 될 수 있다는 생각이 들었다. 그런 의미에서 3명의 가수는 모두 뚜렷한 개성이 있는 사람들이었다. 하지만 그런 개성들 가운데 나와 잘 맞는 사람이 분명 존재한다. 김흥국 씨가 자신도 모르게 추임새를 넣을 정도로 내가 원하는 사람, 나와 잘 맞는 사람을 본능적으로 알게 되었던 것처럼 말이다. 우리의 고객과도 이런 관계가 아닐까 하는 생각이 든다. 고객은 각양각색의 개성을 가진 자들이다. 그래서 우리는 10인 10색이라고 말하지 않는가! 또한 직원에게도 개성은 존재한다. 그리고 직원의 개성이 어떤 고객에게는 잘 맞을 수 있으며 그렇지 않은 경우도 충분히 존재한다. 그래서 어떤 고객에게는 추임새를 통해 즐겁게 만들기도 하지만 어떤 고객에게는 어떻게 추임새를 넣어야 할지 헤매게 되면서 고객을 더욱 혼란스럽게 만들기도 한다.

## 아줌마의 특징을 파악하라

언젠가 교육과정을 개발하기 위해 해당기업의 현장근무자를 만나게 되었다. 그분은 그 기업에서 영업실적이 뛰어난 분으로 전설적인 인물이었다. 만나뵈니 역시 다른 분들과 다른 프로의 느낌이 전달되었다. 그분만의 확실한 철학이 있었으며 그분만의 노하우를 가지고 있었다. 그리고 그분의 노하우 중 하나를 소개해주시면서 교육 때 참고해 달라는 것이었다. 바로 아줌마 교육생을 위한 것이었는데 아줌마들은 기억력이 떨어지기 때문에 어려운 말을 한다거나 말을 빨리하면 못 알아듣는다는 것이다. 그리고 가끔씩 아줌마 교육생들은 상처받는다는 것이다. 그분의 말인즉 강사가 별 의미없이 하는 말 중 "조금 전에 했던 말 기억 안 나세요?" 등의 멘트를 하게 되면 아줌마의 기억력 없는 자격지심을 건드리는 격이 되어 민감해지기 시작하며 상처를 받는다는 것이다.

그러면서 본인은 특히 기억력이 좋지 않다고 말씀하시면서 한때 어려운 일을 겪다 보니 기억력이 깜박깜박해져서 들었던 것을 또 물어보게 되며 주의깊게 잘 듣지 못하는 습관이 생겼다는 것이다. 그런데 함께 수업을 들었던 동기들 역시 모두 다 아줌마인지라 같은 증상을 가진 사람들이 많다며 아줌마의 특징이라 말씀하신다. 하지만 나 역시 기억력에 대한 얘기를 들으면서 너무나도 공감되며 나만 그렇지 않다는 것에 얼마나 안도감을 느꼈는지 모른다. 그 당시 깜박깜박하는 건망증으로 심각하게 고민했던 시기였기에 참으로 위로가 될 정도였다.

어쨌든 아줌마 고객은 잘 못 알아들으며 들었던 것을 또 물어보며 잘 이해가 되지 않지만 다시 물어보면 무식하다고 할까봐 다시 물어보지 않는 특성을 가지고 있다. 그리고 이러한 자격지심을 건드리면 상처를 받는다. 그분은 영업할 때도 아줌마 고객들에게 이러한 점을 고려하여 상품을 설명하게 된다고 한다. 아주 쉽게 설명하며 조금 복잡한 내용인 경우에는 반드시 종이에 써가면서 집에 가서 다시 볼 수 있도록 상담내용을 적어준다는 것이다. 역시 전설적인 인물답게 아주 뛰어난 상담스킬을 보유하고 계셨다.

우리 고객의 대부분은 남성보다 여성이 많다. 또한 남성의 고객을 가진 기업일지라도 남성의 소비를 결정하는 자는 여성이다. 여성에게 어떻게 다가가야 하는지 그리고 여성고객의 특징을 파악하여 설명 및 상담을 어떻게 해야 하는지 등을 연구할 필요가 있다. 또는 아줌마의 특징을 파악할 필요가 있는 것이다. 또한 상담서비스는 서비스에서 중요하지만 보이지 않는 서비스에 해당된다. 상담의 내용을 기억하기란 쉽지 않으며 보이지 않고 저장되지 않으며 소멸되는 서비스의 특징을 그대로 가지고 있다. 하지만 상담한 내용을 저장하여 고객에게 전달한다면 서비스는 보이지 않는 것에서 보이는 것으로 저장되지 않는 것에서 저장되는 서비스로 변하게 된다.

## 카멜레온처럼 응대하라

언젠가 길을 걷다 거리에서 오피스텔 홍보하는 곳에 반강제적으로 끌려가 홍보설명을 듣게 되었다. 평소 관심이 있기도 하여 궁금했던 것을 물어보며 얘기나 들어보자는 생각에 적극적으로 들을 준비를 하며 자리에 앉았다. 상담은 1:1로 진행되었다. 내가 들어가자 대기 중인 여자분이 앉는다. 그리고 00도시의 대규모 오피스텔에 대해 설명하기 시작한다. 그런데 딱 한마디를 들으니 전문가가 아님이 느껴지기 시작했다. 하지만 이왕 들어왔으니 끝까지 들어보자는 마음으로 듣게 되었다. 그리고 설명하는 중간에 의심스러운 부분에 대하여 깊이 있게 물어보기 시작했다. 그러자 대답을 잘 못 하신다. 신뢰도가 떨어지기 시작한다. 그리고 또다시 다른 것을 물어보았다. 하지만 역시 답변을 못하신다. 더 이상 상담할 이유가 없어졌다.

아마도 그 여자분은 오피스텔에 대하여 전혀 모르는 사람이라는 것을 전제로 설명하려 했던 거 같다. 또는 내가 전혀 질문을 안 할 거라고 예상했을까? 하지만 나는 오피스텔에 대하여 이미 어느 정도의 지식을 가지고 있으며 또한 그러한 지식을 토대로 궁금한 점이 있으면 언제나 물어보는 스타일이다. 물론 평소에는 그렇지 않다고 말하고 싶지만 물건을 구매해야 한다거나 중요하다고 생각하는 부분에서는 까다로워질 수 있는 고객이다.

우리의 고객은 내가 원하는 스타일의 고객만 존재하지 않는다는 것을 알아야 한다. 나처럼 어느 정도 본인이 알고 있는 지식을 토대로 다른 곳과 비교하며 질문하는 고객이 있는가 하면 직원이 설명하는 대로 곧이곧대로 듣는 고객도 있을 수 있다. 또한 직원의 말에 호응하며 잘 들어주는 고객도 있으며 말을 걸기 힘들 정도로 위압감을 느끼게 하는 고객도 있을 수 있다. 하지만 고객이 직원을 선택할 수 없는 것처럼 직원 역시 고객을 선택할 수 없다. 각각의 유형에 따라 카멜레온처럼 자신을 변화시키며 그에 따른 응대전략에 따라 대응할 수 있어야 한다. 우리는 이를 맞춤응대라 한다. 10인 10색인 시대에 이에 맞는 맞춤응대가 필요한 것이다.

또한 요즘에는 자신의 전문분야에 따른 전문지식을 가진 고객이 많아졌다. 그리고 각 산업별로 특징 있는 고객의 층이 있다. 이는 지역마다 다를 수 있으며 업종에 따라 다를 수 있을 것이다. 그렇다면 우리 기업 또는 우리 매장 고객들은 어떤 특징을 가지고 있는가? 그들을 몇 가지의 스타일로 나눌 수 있을 것이다. 그들의 스타일에 따른 특징을 살펴보고 그에 따른 응대전략을 세워보자. 그리고 그에 맞는 맞춤응대를 시작해보자!

# 서비스 품질은
# 이미지에서 시작된다

목이 아파 X-ray를 찍으러 병원에 갔다. 한의원을 다녔지만 차도가 없어 정확한 병명을 알고자 X-ray를 찍어보기로 했던 것이다. 동네에도 병원이 많지만 좀 더 전문적인 병원을 찾아 차를 타고 나갔다. 그리고 제법 큰 병원에서 접수를 하고 의사선생님과 상담하게 되었다.

여자분이었다. 나이는 30대로 보였다. 그리고 미인이었다. 특히 피부가 참 고왔다. 손톱에는 네일을 세련되게 하였다. 머리는 파마머리였는데 긴 머리로 어깨 아래까지 내려왔다. 전형적인 미인에 세련된 스타일을 유지한 여자 의사선생님이었다. 급호감이 생겼다. 그런데 계속해서 상담을 하는데 메이크업하지 않은 게 눈에 띄기 시작했다. 그리고 행동과 말하는 모습도 너무 편안해 보였다. 또한 내가 너무 편해 보였는지 친구에게 하듯 너무 자연스럽게 말한다.

상담을 마친 후 괜히 큰 병원에 왔다는 생각이 들었다. 동네에서 검사해도 되는데 굳이 차를 타고 여기까지 왔다고 생각하게 된 것이다. 이유는 의사선생님이 그렇게 전문적이지 않았다는 것이다. 여의사선생님이 미인이며 피부가 좋았던 것까지는 호감의 이유가 되었지만 메이크업을 하지 않은 채 너무 편안하게 말하는 모습에 내가 기대했던 의사선생님의 이미지에서 멀어져버린 것이다. 그분이 친구에게 편하게 말하는 듯한 느낌을 준 이유는 메이크업을 하지 않아서 자신 자체가 고객을 편하게 응대하게 된 결과로 이어진 것 같았다.

우리는 누군가에게 기대하는 기대이미지가 있다. 의사선생님일 경우 해박한 지식으로 신뢰감을 주는 전문적인 이미지, 그리고 은행에서는 은행원에 맞는 샤프하면서 스마트한 이미지, 헤어디자이너 선생님일 경우 세련되면서 섬세한 이미지 등이다. 하지만 이러한 기대이미지에 부합되지 않았을 경우 실망하며 그 전문분야의 능력에 대한 신뢰감을 갖기 힘들어진다. 이는 이미지가 자신의 전문성을 더욱 배가시켜줄 수 있을 뿐만 아니라 그들의 전문성이 이미지로 판단될 수 있기 때문이다. 실제로 보험회사 보험왕들의 복장을 보면 그들은 언제나 세련된 옷차림을 유지하고 있다. 또한 그러한 세련된 복장은 자신에게 자신감을 부여하면서 영업하는 데 더욱 긍정적인 영향력을 발휘하게 된다.

외모가 미치는 영향력에 관한 연구조사들은 다수 있다. 취업포털 잡코리아에서 남녀 직장인 598명을 대상으로 직장인 콤플렉스에 대하여 조사하였다. 그 결과 1위가 '외모'로 43.3%, 학벌(20.1%), 영어(16.9%) 등으로 나타났다. 또한 콤플렉스로 직장생활에서 불이익을

당한 경험이 있냐?는 질문에 49.8%가 '있다'고 답했다고 한다. 미국 텍사스대학 경제학과 대니얼 해머메시 교수의 연구결과에 따르면 외모 점수가 평균을 밑도는 남성의 경우 평균 외모의 남성에 비해 소득이 22% 낮았으며, 여성 역시 3% 낮은 소득으로 확인되었다고 한다. 또한 똑같은 사람이 다른 차림으로 연출하였을 때 사람들의 반응이 달라지는 실험, 즉 승무원 복장과 허름한 옷차림 등 두 가지의 상황에서 낯선 사람에게 부탁했을 때 사람들의 반응이 각각 다르게 나타나는 실험결과 등이 있다. 그만큼 외모는 사회인이라면 중요한 부분임에 틀림없을 것이다.

그렇다면 우리의 이미지를 결정짓는 데서 가장 큰 비중을 차지하는 곳은 어디일까? 캘리포니아대학교 심리학과 명예교수인 앨버트 메라비언(Albert Mehrabian)은 '메라비언의 법칙'을 발표했는데 사람의 이미지를 결정짓는 데 가장 많은 비중을 차지하는 부분은 시각적 요소 55%, 그리고 청각적 요소 38%, 마지막으로 기타 및 말의 내용이 7%를 차지한다고 설명했다. 시각적 요소에는 외모, 표정, 보디랭귀지 등이 해당되며, 청각적 요소에는 발음, 억양, 톤 등이 해당된다. 마지막으로 7%에 해당되는 기타 및 말의 내용에는 말하고자 하는 메시지가 해당된다.

메라비언의 법칙에 따르면 시각적인 부분이 우리의 이미지 결정에 가장 많은 영향을 미치게 된다. 따라서 시각적인 부분은 나의 직업과 관련하여 그에 맞는 이미지 연출이 필요하다. 그렇다면 시각적인 부분 중에서 가장 먼저 어디를 보게 될까? 바로 얼굴이다. 우리는 누군가를 판단할 때 얼굴을 먼저 보게 된다. 하지만 잘생기고 못생긴 것을 보지 않는다. 바로 얼굴에서 느껴지는 느낌, 즉 표정을 보게 되는 것이다. 어떤 표정이냐는 바로 자신을 나타내게 된다. 그리고 주변 사람들이 자신에 대한 이미지를 연상하는 데 영향을 미치게 된다. 그리고 또한 자신에게도 영향을 미치게 된다.

## 무표정에도 표정은 있다

은행에서 근무할 때 지점현장컨설팅을 나가게 되면 공통된 특징이 있다. 성과가 좋은 지점과 그렇지 않은 지점에는 확연한 차이가 있었는데 그 차이는 바로 직원들의 표정이다. 성과가 좋은 지점의 경우는 객장에서 일하는 직원들의 얼굴이 하나같이 밝은 표정으로 활기차고 생기가 있다. 앞에 고객 없이 혼자 업무처리를 하는데도 불구하고 밝은 표정이며 활기차다. 하지만 그렇지 못한 지점의 경우는 고객이 없을 때도 얼굴 표정이 어둡다. 그런데 하나같이 직원식구들 모두가 그런 표정이라는 것이다.

하지만 고객이 앞에 있든지 없든지 내가 어떤 표정을 짓고 있느냐는 중요하다. 그 이유는 무표정에도 표정이 있기 때문이다. 그리고 그 무표정은 우리의 표정 및 이미지를 결정짓게 된다. 그렇기 때문에 무표정을 관리해야 한다. 우리가 하루 동안 어떤 표정을 가장 많이 지을까? 웃는 표정일까? 전혀 그렇지 않다. 우리가 아기였을 때 하루에 웃는 횟수가 400번이었지만 성인의 경우 7번이라는 연구결과가 있다. 그만큼 우리가 언제나 웃는 얼굴을 연출하기란 쉽지 않다. 따라서 많은 사람들에게 가장 많이 노출되는 표정은 무표정에 해당된다. 그리고 이러한 무표정 속에서 밝은 표정으로 편안함을 주게 되며 어두운 표정과 침울한 표정으로 부정적인 느낌을 전달하게 되는 것이다. 그리고 밝은 표정을 통해 상대방에게 긍정적인 느낌을 주게 되며 호감을 전달하게 된다. 표정은 전염성이 있기 때문이다. 또한 자신의 업무 능률을 높이며 건강에도 도움을 주게 된다.

얼굴 표정이 좋지 않았던 지점에서는 특별히 지점장님께 건의하여 거울을 모두 하나씩 책상 위에 올려둘 것을 건의하였다. 그리고 수시로 자신의 표정을 살필 수 있도록 유도했다. 이는 자신의 의지가 필요한 부분이다. 고객을 응대하면서 언제나 밝은 표정을 연출한다는 것은 힘들다. 하지만 어두운 표정, 힘든 표정을 짓는 것보다 언제나 밝은 표정을 연출한다면 자신에게도 긍정적인 기분과 힘을 만들어내게 된다. 자! 지금 여러분의 표정은 어떠한가? 거울을 확인해보자! 그리고 수시로 나의 표정을 관리해보자!

예전에 직장생활을 할 때 함께 근무했던 후배직원이 있었다. 그녀는 미인의 매력적인 얼굴을 가진 직원이었는데 언제나 표정이 좋지 않았다. 뭔가 불만이 있어 보였으며 자신의 기분이 좋지 않다는 것을 그대로 표현하는 것처럼 보였다. 물론 사람이기 때문에 가끔 그렇다면 이해가 되지만 늘 그런 표정을 짓고 있다면 옆에 있는 사람이 얼마나 신경이 쓰이겠는가! 그래서 한번은 표정이 왜 그렇게 안 좋냐고 물어보았더니 원래 자신의 표정이 그러하니 신경 쓰지 말라고 한다. 그리고 예전부터 그런 얘기를 많이 들어왔다고 한다. 그리고 강의 때에는 자신의 표정 이야기를 하면서 자신의 아킬레스건이라고 한다. 사람들이 자신의 표정을 보고 오해를 한다는 것이다. 하지만 다른 사람들이 그렇게 오해를 한다면 그런 표정은 고쳐야 한다. 다른 핑계를 대면서 자신의 표정을 고치려는 노력을 하지 않는다면 본인은 편할지 모르지만 주변 사람들에게 본의 아니게 피해를 주는 셈이 된다. 나만을 생각한 상대방을 배려하지 못한 이미지메이킹인 것이다.

예전의 직장에서도 비슷한 경우가 있었다. 선배강사님이 후배강사에게 "너는 왜 그렇게 표정이 안 좋니? 나한테 불만 있니?" 하며 대놓고 물어보았다. 그 선배강사도 후배강사의 표정이 영 신경에 거슬렸던 것이다. 사실 함께 근무했던 나 역시 그녀의 표정이 거슬렸었다. 하지만 후배강사는 왜 내 표정을 내가 맘대로 짓지도 못하냐며 표정까지 간섭한다며 기분 나빠했던 기억이 있다. 하지만 그녀의 태도는 단지 자신만을 생각한 것일 뿐 다른 이들을 배려하지 못한 것이라고 할 수 있다.

나는 그녀들을 생각하면 예쁜 얼굴보다는 표정이 좋지 않은 얼굴을 먼저 떠올리게 된다. 바로 좋지 않은 표정이 그녀의 이미지가 되어버린 것이다. 우리 모두는 혼자서 근무하지 않는 이상 누군가와 함께한다. 특히 서비스업의 경우 고객과 함께한다면 나의 순간순간의 표정은 모두 다 노출되어 있다. 그리고 이러한 표정은 곧 서비스 품질로 이어지게 된다. 하지만 서비스에 대한 품질을 논하기 전에 우리의 좋지 않은 표정은 상대방에게 불쾌한 감정을 주게 된다. 즉 우리의 표정은 상대방에 대한 배려이자 매너가 될 수 있다.

# 진짜미소로 호감을 전달하라

　어느 지인의 이야기이다. 자신의 후배직원이 잘못하여 꾸짖었는데 바로 뒤돌아 활짝 웃더라는 것이다. 그리고 자신을 보고도 언제 그랬냐는 듯이 활짝 웃는데 정말이지 한 대 때려주고 싶은 심정이었다고 했다. 자신은 아직 그 후배를 보고 웃을 수 있는 감정이 아니었으며 그 후배직원도 그 감정을 잘 알 텐데 어떻게 그렇게 자신을 보고 웃을 수 있냐는 거다. 또한 그 웃는 얼굴은 정말 기분이 좋아 웃는 자연스런 표정이 아니라 억지로 미소를 쥐어짜는 것처럼 보였다고 한다.

　서비스 현장 및 직장에서는 상황에 맞는 표정 역시 중요한 부분이라 할 수 있다. 상대방은 좋지 않은 상황임에도 불구하고 혼자서 밝은 표정을 유지한다면 상대방에게 호감을 줄 수 있겠는가? 호감이 아닌 부정적인 느낌을 갖게 할 것이다. 지인의 후배의 미소는 부정적인 느낌을 주는 미소의 예가 될 수 있다.

아마도 그 후배는 너무 긍정적이거나 눈치가 없거나 또는 선배를 우습게 보는 것 중에 하나일 것이다. 어떤 감정인지는 정확히 알 수 없으나 분명한 것은 상황에 맞지 않는 밝은 표정은 상대방에게 부정적인 감정을 줄 수밖에 없다는 것이다. 나만의 기분 좋은 표정이 아닌 상대방을 고려한 이미지, 상대방을 고려한 표정연출이 중요한 것이다.

이는 고객과의 응대에서도 똑같이 적용된다. 또한 상황에 맞는 표정을 위해서는 고객에게 관심을 가지고 고객의 분위기를 살필 수 있어야 한다. 그리고 그에 맞는 표정연출을 할 수 있어야 한다. 또한 그 상황에 알맞은 표정이야말로 고객에게 진심으로 편안하고 기분 좋은 느낌을 줄 수 있을 것이다.

## 진짜미소 Vs 가짜미소

그렇다면 상대방에게 기분 좋은 느낌을 주는 표정은 어떤 것일까? 어떤 이는 표정이 어두워서 상대방에게 거리를 두게 만들기도 하지만 어떤 이는 너무 밝게 웃고 있어서 왠지 불편함을 느끼며 다가가기 부담스러운 경우도 있다. 그럼 우리는 어떤 표정과 미소를 지어야 할까? 미소에는 진짜미소와 가짜미소가 있다. 1970년대 심리학자 폴 에크만이 표정연구를 통해 진짜미소를 과학적으로 증명했다고 하는데 그에 의하면 우리의 얼굴은 42개의 근육을 움직이면서 서로 다른 표정을 만드는데 이러한 표정 중 미소는 19개로 서로 다른 모양의 미소가 존재한다고 한다. 하지만 19개의 미소 중 하나의 미소가 진짜미소에 해당되며 나머지 18개의 미소는 가짜미소에 해당된다고 한다. 예를 들어 어색한 미소, 난감할 때 짓는 미소, 가장된 미소 등이 이에 해당되는 미소로 입꼬리가 올라가지만 눈이 웃지 않게 되어 가짜미소에 해당된다는 것이다.

하지만 이러한 진짜미소와 가짜미소에 대하여 또 다른 실험결과가 있다. 뒤센은 진짜미소와 가짜미소에 대하여 연구하던 중 눈 주변의 근육은 진짜미소를 지을 때만 움직인다는 것을 발견하며 눈과 입이 함께 웃는 진짜미소에 대하여 그의 이름을 따서 '뒤센미소'라고 이름 붙이게 된다. 뒤센미소는 입술 끝이 위로 당겨 올라가며 두 눈이 안쪽으로 약간 모아진다. 그리고 두 눈가근육이 움직여서 주름을 만들게 되며 두 뺨의 상반부가 올라가게 된다. 이러한 미소는 내가 정말 행복했을 때만 지을 수 있는 진짜미소에 해당된다고 한다.

이러한 뒤센미소는 상대방에게 호감을 전달하게 되며 밝은 표정을 유발하게 된다. 전염성이 있기 때문이다. 서비스 현장에서도 이러한 뒤센미소가 필요하다. 고객이 왔을 때 억지로 미소를 만들어내는 가식적인 표정이 아니라 고객을 향한 진짜미소, 즉 뒤센미소가 필요한 것이다. 고객을 향한 뒤센미소는 고객에게 나의 행복을 전달하게 된다. 어떤 직원은 밝은 표정이 중요하다고 하니 밝은 표정을 짓기 위해 혼자서 실실 웃고 있다. 하지만 이는 고객을 향한 진심어린 밝은 표정이라 할 수 없을 것이다.

그렇다면 고객을 향한 진심어린 밝은 표정을 위해서는 어떻게 해야 하는가? 나는 고객을 진심으로 좋아해야 한다고 말하고 싶다. 고객을 만나기도 전에 고객에 대한 좋지 않은 생각이나 감정을 가지게 되면 고객을 향한 밝은 미소는 결단코 지어질 수 없다. 고객에 대한 긍정적인 마인드를 통해서만 밝은 표정이 연출될 수 있는 것이다. 즉 고객에게 진심으로 대해야 한다. 또한 고객에게 밝은 표정을 연출했을 때 고객이 이를 함께 느낄 수 있는 것이다. 그런 밝은 표정을 위해 고객과의 눈맞춤이 중요하며 눈맞춤을 통해서 밝은 표정을 지었을 때 고객에게도 호감이 전달되고 행복이 전달될 수 있는 것이다. 그래야 이러한 뒤센미소가 가능해진다.

이러한 뒤센미소를 가진 사람들을 대상으로 캘리포니아 오클랜드에 있는 밀즈 칼리지 졸업생 141명을 대상으로 30년간 연구조사를 실시하였다. 졸업사진 속에 뒤센미소를 가지고 있는 사람들을 대상으로 27세, 43세, 52세 되는 해에 그들과의 인터뷰를 통해 그들의 삶을 다양한 각도에서 분석하였는데 공통적인 특징을 발견할 수 있었다고 한다. 뒤센미소를 가진 집단은 인위적인 미소를 지었던 집단에 비해 훨씬 더 건강하였으며 평균소득도 높았고 결혼생활에 대한 만족도 역시 높았으며 이혼율도 더 낮았다고 한다. 이는 뒤센미소의 파워라 할 수 있을 것이다. 진짜미소를 짓다 보니 계속적인 진짜미소를 통해 자신의 삶을 더욱 행복하게 가꾸어 나갈 수 있었을 것이다.

서비스 현장에서도 계속적인 밝은 표정, 즉 뒤센미소를 짓기가 쉽지 않은 환경일 수 있다. 하지만 그렇기에 뒤센미소의 파워를 실험해볼 수 있을 것이다. 마인드컨트롤을 통해 기분 좋은 감정을 유지하며 이를 유지하기 위해 밝은 표정을 연습하며 실천해보는 것이다. 물론 고객상황에 맞는 적절한 표정연출도 잊지 말아야 할 것이다. 이를 위해서 언제나 고객에게 관심을 가지며 주의깊게 살펴야 할 필요가 있다. 고객을 향한 상황에 맞는 적절한 표정과 밝은 미소는 그들에게 행복을 전달할 수 있을 것이다. 또한 나의 밝은 진짜미소를 통해 나의 행복을 누릴 수 있을 것이다.

# ❗ 보디랭귀지로 사로잡아라

　음성 없이 대화 나누는 장면 30초만 보고 그 의사가 좋은 의사인지 아닌지를 판단할 수 있을까? 이는 충분히 가능하며 환자가 의사와의 상담에서 느끼는 만족과 불만족조차 예측이 가능하다고 한다.

　미국 캔자스대학교 폴 아널드 교수 연구팀이 실제로 흥미로운 조사를 하였다. 수술 직후의 신경과 입원환자 120명을 대상으로 의사가 서서 진료하는 것과 앉아서 진료하는 것에 대한 환자의 체감시간에 대하여 조사한 것이다. 한 그룹에서는 의사가 선 자세로 평균 1분 28초 동안 진료하게 하였으며 다른 그룹에서는 앉아서 평균 1분 4초 동안 진료하게 했다. 이에 환자들이 느끼는 의사의 진료시간에 대한 조사결과 의사가 서서 진료한 환자는 평균 3분 44초, 의사가 앉아서 돌본 환자는 평균 5분 14초간 머물렀다고 답했다.

또한 자기를 돌본 의사에 대하여 점수를 부여하게 했더니 의사가 앉아서 진료한 환자들은 95%가 '좋았다. 감사했다' 등의 긍정적인 답변을 한 반면, 의사가 서서 진료한 환자는 61%만 긍정적인 평가를 했다. 의사가 선 자세로 응대했던 환자는 "의사가 언제 들어왔다 나갔는지 모르겠다"면서 "궁금한 게 있어도 물어볼 시간도 없었다"고 말했다. 이러한 연구에 대하여 미국 뉴욕 로체스터대학교 로날드 엡스타인 교수는 "의사가 앉아서 환자를 만나는 것은 의사와 환자 간에 커뮤니케이션을 증대시키고 우호적으로 만드는 방법"이라며 "연구는 이를 학술적으로 입증해준 것"이라고 평가했다.

결론적으로 의사가 곁에 앉으면 환자들은 의사가 더 머물고 싶어하는 것처럼 느끼지만 서 있으면 의사가 바쁜 것으로 느끼게 되는 것이다. 즉 의사들의 마음과는 다르게 환자들은 의사들의 보디랭귀지만을 보고 그들을 판단하게 된다는 것이다.

이처럼 보디랭귀지는 상대방의 태도를 판단하는 큰 잣대가 된다. 우리가 의사소통할 때 가장 많은 메시지를 전달하는 것 역시 바로 보디랭귀지이다. 미국의 심리학자 앨버트 메라비언(Albert Mehrabian)은 인간이 의사소통을 하는 데 있어 말(언어)이 차지하는 부분은 7퍼센트에 불과하고 목소리(음색, 크기, 억양, 리듬 등)가 38%, 그리고 보디랭귀지가 55%를 차지한다고 밝혔다. 보디랭귀지는 눈빛, 표정, 자세 등으로 고객과의 응대에서도 친절, 존중, 배려 등 많은 부분들을 내비치게 되는데, 이때 고객은 이를 재빠르게 판단하게 되는 것이다.

○○마트에서의 일이다. 원래 자주 가는 곳이며 불친절하다는 것을 느끼

지 못하는 친절한 마트다. 그날은 만두를 사려고 돌아보았는데 마침 시식코너가 몇 군데 있어 시식하라며 큰 소리로 말하고 있었다. 시식을 위해 멈추었다. 잘라놓은 만두를 시식하기 위해서는 이쑤시개로 찍어서 먹게 된다. 그런데 만두가 잘라놓은 상태였기 때문에 만두 속이 쏟아질 수 있는 상태였다. 일단 만두를 콕 찍었으나 들기도 전에 만두의 속이 쏟아져서 집을 수 없게 되었다. 다시 한 번 찍으려고 시도하는 순간 시식코너 직원이 다른 이쑤시개를 들고 다른 만두를 콕! 찍었다. 순간 기분이 나빠지기 시작했다. 왜 나빠졌을까? 내 행동이 끝나기도 전에 그 직원의 손이 아주 빠르게 그리고 아주 강하게 만두를 꼭 찍고 시선을 회피했기 때문이다.

마치 그 직원의 행동에는 '너, 그럴 줄 알았어~' '나처럼, 찍어야지~' '이런~ 자, 내가 해줄게!' '이것도 못해?' 등의 말을 하는 것 같았다. 그리고 마치 먹을 것을 던져주는 듯한 느낌을 받았다. 순간 직원의 눈을 바라보았다. 직원은 나의 눈을 피하며 다른 고객들에게 시식하라고 큰 소리로 외친다. 그야말로 그 직원의 보디랭귀지에서는 친절과 배려와 존중을 전혀 찾아볼 수 없었다. 차라리 시식코너를 만들지 말던지 시식하는 사람에게 구차한 기분이 들게 하다니 너무 기분이 좋지 않았다. 당연히 나는 그 식품을 구매하지 않았으며 그 브랜드에 대한 좋지 않은 느낌마저 갖게 되었다.

보디랭귀지는 자신의 습관적인 행동이 상대방에게 무심코 전달될 수 있다. 하지만 이런 과정 속에서 어떤 보디랭귀지는 상대방에 대한 감정과 자신의 감정이 묻어나오게 된다. 하지만 아주 작은 보디랭귀지라도 자신의 감정이 묻어나오게 되면 고객은 민감하게 알아차리며 반응하게 된다. 굳이 말로써 상대방을 무시하지 않는다 해도 시선, 몸짓, 표정 등을 보고 그 사람의 감정을 느끼게 되며 판단하게 된다.

사람의 몸에는 거울신경세포가 있다. 거울신경세포란 다른 사람이 어떤 행동을 하는 것을 관찰할 때와 자신이 그 행동을 할 때 똑같이 활성화되는 신경세포를 말한다. 마치 거울에 비친 것처럼 다른 사람의 행동을 자신의 행동이라 느끼고 행동한다 하여 거울신경세포로 이름이 붙여졌다고 한다. 거울신경세포는 공감뉴런이라고도 불리는데 이는 인간이 다른 사람의 느낌과 감정을 자신의 것처럼 인식하게 해주는 것으로 타인의 감정과 의도를 이해하게 해준다. 즉 상대방의 보디랭귀지만으로도 어떤 감정을 가지고 자신을 대하는지 알 수 있게 된다는 것이다.

그렇기 때문에 나의 보디랭귀지를 관리할 필요가 있으며 또한 자신의 감정을 잘 다스릴 필요가 있다. 그렇다면 보디랭귀지 중에서 가장 강력한 메시지를 전달하는 보디랭귀지는 무엇일까? 의사가 회진 시 앉아서 진료한다 해도 그리고 많은 시간을 투자하여 진료했다 해도 의사의 눈빛이 친절함을 담지 못하며 잘못된 시선으로 비춰진다면 환자는 의사에게서 친절함을 느끼지 못할 것이다. 바로 가장 강력한 보디랭귀지는 시선이기 때문이다. ○○마트에서 마지막에 나의 시선을 회피했기 때문에 내가 무시받았다는 것을 확신했던 것처럼 시선은 가장 강력하며 핵심적인 메시지를 담고 있다. 하지만 우리나라 사람들은 아쉽게도 이러한 시선관리를 잘 하지 못한다. 상대방을 잘 쳐다보지 못할 뿐만 아니라 그 시선에 긍정적인 감정을 담아 전달하는 기술이 부족하다. 이는 고객의 신뢰감을 잃게 할 뿐 아니라 상대에게 좋지 않은 감정을 전달하게 된다는 것을 알아야 한다.

또한 나의 습관적으로 행해지는 보디랭귀지를 통해 고객 또는 상대방에게 좋지 않은 감정을 전달할 수 있는 만큼 고객을 향한 보디랭귀지와 나의 감정을 다스릴 수 있는 보디랭귀지가 필요하다.

에이미 커디 박사는 TED강연에서 "신체언어가 그 사람을 결정한다"는 주제로 강연을 했다. 그녀는 강의에서 우리가 취하는 보디랭귀지를 통해 자신의 신체 호르몬의 변화와 함께 자신감에 영향을 미친다고 밝혔다. 에이미 커디 박사는 몸 동작과 마음의 상관관계를 측정하기 위해 피실험자들을 두 그룹으로 나누어 실험하였는데, 첫 번째 그룹에는 기지개를 켜듯 두 팔을 하늘로 뻗거나 다리를 최대한 벌리는 등 힘 있는 '하이 포즈(high-power pose)'를 취하게 하였으며, 다른 한 그룹에는 소극적인 동작, 즉 주머니에 손을 넣거나 팔짱을 끼거나 웅크린 채 턱을 괴는 '로 포즈(low-power pose)'를 취하게 했다. 그리고 2분 후 두 그룹의 호르몬 수치를 조사하였더니 두 그룹의 호르몬 수치에 놀라운 변화가 있었다고 한다.

실험 전후에 참가자들의 타액을 채취해서 성분을 분석해봤더니, 하이 포즈를 취한 사람들은 평균적으로 테스토스테론이 20% 증가하고 코티졸은 25% 감소했다. 이와 달리 로 포즈를 취한 사람들은 테스토스테론이 10% 감소하고 코티졸이 15% 증가했다. 이 결과는 2분간의 단순한 몸 동작 변화만으로 스스로의 호르몬 수치를 변화시킬 수 있다는 점과 힘 있는 자세를 취한 사람들은 호르몬 측면에서 긍정적인 변화가 일어났다고 할 수 있다.

커디 박사는 "우리 몸은 마음을 바꾸고, 우리 마음은 행동을 바꾼다. 또한 행동은 결과를 바꾼다"며 '원더우먼 자세를 취하여' 원더우먼과 같은 당당함을 회복하라고 권하고 있다. 하지만 커디 교수 외에도 많은 학자들이 보디랭귀지가 자신감에 미치는 영향력에 대하여 강조하였다.

고객응대에 있어서 태도는 중요하다. 그리고 고객들은 직원의 보디랭귀지를 통해 그 직원의 태도를 판단한다. 그렇기 때문에 보디랭귀지의 관리는 중요하며 관리가 필요하다. 또한 우리의 보디랭귀지는 360도 노출되어 있어 어떤 상황에서든 나의 의지와 상관없이 판단되고 해석된다. 그리고 가장 많은 메시지를 전달하는 만큼 고객에게 신뢰감과 존중 및 배려를 더할 수 있는 보디랭귀지의 표현이 필요하다. 이를 위해 에이미 커디 박사가 말했듯이 자신감 있는 보디랭귀지를 통해 고객들에게도 긍정적인 메시지를 전할 수 있도록 나의 평상시의 보디랭귀지를 체크해볼 필요가 있을 것이다. 그리고 고객을 향한 배려와 존중의 보디랭귀지를 각각의 상황에서 다시 한 번 살펴보아야 할 것이다.

# 인정받고 싶은 심리 공감!
## 에너지를 전달하라

여자들은 드라마를 좋아한다. 드라마를 좋아하는 이유를 아는가? 드라마가 자기 삶의 공감받고 싶은 부분에 대하여 공감해주기 때문이다. 그래서 인기 있는 드라마에는 언제나 공감이 존재한다. 드라마 속에 담긴 이야기와 주인공이 마치 자신인 양 현실의 나를 떠올리며 위로받게 된다. 한때 인기를 끌었던 '미생'과 '응답하라 1997' 역시 많은 이들의 공감을 통해 인기를 얻었던 드라마다. 특히 '미생'은 힘든 직장인들의 애환을 담으며 많은 사람들의 공감을 불러일으켰다.

온라인 취업포털 사람인이 드라마 '미생'을 아는 직장인 762명을 대상으로 '미생에서 본인과 가장 비슷한 인물'을 조사한 결과 '장그래'가 44%로 1위를 차지했다고 한다. 내세울 것 없는 스펙으로 현실에 부딪히지만 열심히 사는 모습을 닮았다며 많은 직장인들의 공감을 불러일으켰던 것이다. 나 역시 미생을 보며 얼마나 위로가 되었는지 모른다. 공감은 드라마뿐 아니라 우리의 모든 영역에서 공감으로 인하여 많은 위로와 힘을 갖게 한다. 특히 서비스에서도 공감은 중요하게 작용하며 그 영향력을 발휘하게 된다.

그럼, 공감이란 무엇인가? Naver 사전에 의하면 남의 감정, 의견, 주장 따위에 대하여 자기도 그렇다고 느낌, 또는 그렇게 느끼는 기분이라고 되어 있다. 베아트리체 칼리시는 "공감은 다른 사람의 감정과 그 감정의 의미를 정확하고 민감하게 인지하고 의사를 전달하는 능력이다"라고 말했다. 즉 공감은 상대방의 심리상태인 감정, 기분 등을 그 사람의 입장이 되어 함께 느끼는 것이며 이해하려 노력하며 이를 통해 상대방이 인정받고 존중받는 느낌을 가질 수 있도록 해야 한다.

친구가 병원을 다녀오더니 투덜거린다. 이유를 물어본즉 의사선생님이 불친절했다는 것이다. 무엇이 불친절했냐고 캐물으니 친구는 몸이 너무 아파서 "선생님, 제가 여기가 너무너무 아파요"라고 말했더니 의사선생님 왈, "원래 그런 거예요"라고 간단하게만 답변했다며 무안했다고 한다. 내가 봤을 때는 의사선생님이 환자의 말에 공감표현을 잘하지 못하고 이를 대수롭지 않게 여겨 그냥 넘어갔던 부분이었다. 그리고 자신이 알고 있는 지식을 토대로 사실대로 표현했을 뿐이다. 하지만 공감받지 못한 친구는 의사선생님께 아주 크게 무안당했다고 생각하며 친절하지 않은 것으로 판단하게 되었다. 단지 공감이 없는 한마디가 불친절한 의사로 만들어버린 것이다.

또 한 친구는 피부과 의사선생님이 매우 친절하다고 말했던 기억이 난다. 친구의 말인즉, 얼굴에 피부병이 있어 피부과에 갔는데 "얼굴이 왜 이렇게 됐어요? 많이 속상하겠네요" 하며 매우 안타까워했다고 한다. 그리고 피부병이 다 치료될 때쯤 의사선생님이 자신의 얼굴을 보고 피부병이 있던 곳을 만지더니 환하게 웃으면서 "많이 좋아졌어요. 피부도 좋은데 얼굴관리 잘하시구요"라고 했단다. 단지 그뿐이었는데 매우 친절했다는 것이다. 그 의사선생님은 피부병이 난 친구의 상황에 맞춰 공감해주었던 것이다. 그리고 공감의 표현에 친구는 병원에 대해 더 큰 만족도를 느꼈던 것이다. 이처럼 공감은 위로와 힘을 전달함과 동시에 서비스 현장에서는 환자의 만족도로 연결된다.

공감한 의사의 환자들은 감기에 걸려도 빨리 낫고 수술 후 더욱 빠르게 회복되었다는 연구결과를 본 적이 있다. 실제로 컬럼비아대학 등 여러 의과대학에서 '이야기치료'라는 과목을 의과생들이 수강하도록 한다고 한다. 컴퓨터의 진단기술 등 의료기술이 아무리 발달했다 해도, 의사가 환자들의 이야기에 직접 귀 기울이는 일이 중요하며 또 실제 치료에도 효과적이라는 연구결과가 나왔기 때문이다. 예일대학에서는 예술작품의 감상력을 기르기 위한 훈련을 하고 있다. 이는 미술 공부가 학생들을 현명한 의사로 키워내는 데 도움이 된다는 대학 당국의 판단으로 실시되고 있다. UCLA의 의과대학은 1일 입원환자체험 프로그램을 운영하여 환자들과 공감대를 형성해 나갈 수 있도록 하고 있다. 더 나아가 제퍼슨 의과대학에서는 '공감지수(empathyindex)'를 개발하여 의사들의 업무 효율성을 측정하고 있다고 한다.

근대 심리학의 창시자 윌리엄 제임스는 "인간본성 중에서 가장 강한 것은 타인에게 깊이 인정받기를 갈망하는 마음이다"라고 했다. 공감은 이러한 인간의 인정받고 싶은 욕구를 채워주게 된다. 그리고 이는 존중받는 느낌을 갖게 한다. 서비스 현장 및 고객응대에서도 인정받고 싶은 심리와 존중받고 싶은 심리는 그대로 존재한다. 직원의 말 한마디에 이러한 심리의 충족은 서비스 및 상품에 대한 더 큰 만족으로 이어지기 때문이다.

그렇다면 존중받고 인정받는 메시지의 공감은 어떻게 이루어지는가? 시선, 자세, 표정, 반응 등으로 나타나게 된다. 위의 사례에 있었던 불만족했던 친구의 경우 너무 아프다고 의사에게 말한 것은 자신의 아픔을 공감해달라는 표현이었지만 의사는 원래 그런 거라는 표현으로 인정이 아닌 정답을 표현함으로써 공감하지 못한 셈이 되어버렸다. 원래 아픈 것은 맞으나 환자는 정답을 듣기 위한 것이 아니라 일단은 공감의 표현으로 인정받고, 위로받고 싶었던 것이 먼저였다. 만약 의사가 공감의 표현 후 정답을 말해주었다면 환자는 더 큰 위로와 치료의 의지를 갖게 되었을 것이다. 반대로 두 번째 만족했던 친구를 진료했던 의사의 경우 환자에게 각각의 상황에 따라 안타까운 표정과 밝고 환한 표정으로 공감의 표현을 해주었을 뿐만 아니라 언어로 공감을 표현함으로써 친구는 위로와 존중의 느낌을 받았던 것이다. 아주 작은 표현과 표정이지만 만족도는 180도 달라지게 된다.

00마트 시식코너에서 직원에게 불쾌한 감정을 가졌던 이유 역시 공감의 표현이 없기 때문이다. 만두를 정확히 집지 못했던 나에게 "원래 다들 잘 못 집는다" 등의 반응과 함께 살며시 시선을 맞추며 너무 강하지 않은 힘조절을 통해 만두를 집어주었더라면 그리고 시선을 맞춰주기만 했다면 불쾌한 기분은 들지 않았을 것이다.

공감은 상대방의 감정을 함께 느낄 수 있어야 한다. 내가 아플 때 아픈 감정과 내가 좋을 때 함께 기뻐해주는 마음, 그리고 내가 민망할 때 그 기분을 이해할 수 있어야 한다. 그리고 진정 자신의 마음에서 우러나올 때 상대방에게 공감으로 전달된다. 단순히 고개를 끄덕이고 시선을 맞추는 리액션이 아니라 감정을 이해하며 반응할 수 있어야 한다.

자기심리학의 창시자 하인즈 코헛(Heinz Kohut)은 "인간을 수용하고 인정하며 이해하게 해주는 공감은 우리가 다 알고 소중히 여기듯이 인간생존에 필수적인 심리적 영양소다"라고 말한다. 공감은 사람과의 관계에서 인정받고 존중받는 느낌과 함께 상대방에게 강한 에너지를 전달해준다. 이는 서비스 현장에서도 고객에게 마찬가지로 적용될 수 있을 것이다.

# 긍정의 언어가 고객의 발길을 붙잡는다

언젠가 여행을 가는데 자동차 사고가 났다. 낯선 지역에서 상대방 차와 갈등이 생겨 경찰서까지 다녀왔던 상황이었다. 경찰서에 들른 후 나는 다시 낯선 길을 헤치며 목적지에 힘들게 도착했다. 그런데 보험회사에서 전화가 왔다. 어떻게 사고가 났느냐는 질문이었다. 갑자기 화가 치밀었다. 나는 사고가 어떻게 났는지를 처음에 접수할 때 콜센터 직원에게 모두 말했고, 두 번째로 현장출동 담당자에게 말했으며 세 번째로 경찰에서 진술했던 상황이었다. 그런데 이런 모든 상황을 끝내고 낯선 길을 차를 몰며 목적지에 도착하여 이미 지칠 대로 지쳐 휴식을 취하고자 하는데 또다시 본사 대물팀이라며 나에게 어떻게 사고가 났는지 설명해달라는 것이다.

이런 경우라면 내부에서 미리 커뮤니케이션이 이루어진 후 고객에게 간단하게 이러이러하게 설명을 전해 들었는데 추가사항이 있느냐며 전화하는 것이 맞을 것이다. 밑도 끝도 없이 어떻게 사고가 났느냐는 질문은 나에게 고문과 같은 느낌이었다. 어쨌든, 현장출동 담당자에게 얘기를 다 했는데 또다시 말해야 하냐고 따져 물었더니 어떤 상황인지 눈치 챈 담당자는 죄송하다며 다시 알아보겠다고 하며 전화를 끊었다. 그나마 센스가 좀 있는 담당자였던 것 같다. 그 후 일은 잘 처리되어 그나마 긍정적인 이미지를 갖고 있었던 보험회사였다.

그런데 다시 사고가 났다. 콜센터에 전화했더니 직원은 "지금 당장 출동해야 하냐"고 물었다. 그래서 "당장 출동해야 하는 건 아니다"라고 얘기했다. 콜센터 직원은 접수를 하더니 알겠다며 그냥 끊으려고 한다. 그래서 내가 그럼 직원은 언제 연락이 오는 거냐고 물었더니 콜센터 직원의 말인즉 "지금 출동 안 해도 된다고 하지 않았나요?"라고 답한다. 정말 답답한 노릇이다. 지금 출동하는 건 아니지만 앞으로 프로세스가 어떻게 진행되는지에 대하여 최소한 말해주는 것이 맞을 것이다. 사건 처리를 위해 전화한 것이지 당장 접수만 하기 위해 전화한 건 아니다. 그래서 앞으로 프로세스가 어떻게 되는지 말해줘야 되지 않느냐고 따져 물었더니 그제서야 담당자가 전화할 거라고 한다. 기분이 좋지 않았다.

전화를 끊으니 곧바로 담당자와 기타 안내에 대한 문자가 도착했다. 문자가 오니 그제서야 그 상담원이 사고처리 프로세스에 대해 말하지 않은 이유가 조금이나마 납득이 됐다. 그렇다면 문자를 넣어드리니 참고하라거나 곧 전화가 올 거라고 얘기해주는 게 옳을 것이다. 나는 전화통화 후 바로 문자가 온다는 사실을 알 수 없는 고객이다. 매일같이 그 보험회사에 전화를 하지 않는 이상 어떻게 그런 시스템을 알 수 있단 말인가!

어쨌든, 담당자 전화번호가 적힌 메시지를 받고 몇 시간이 흘렀다. 역시 전화가 오지 않는다. 예전에는 바로바로 전화가 와서 현장에서 처리해줬던 기억이 있던 나로서는 아무리 현장출동이 아니라지만 몇 시간이 지나도 전화가 오지 않는 게 납득이 되지 않았다. 그래서 언제쯤 오실 수 있는지 담당자에게 문자를 보냈다. 한참 후 전화가 왔으며 "문자 주셔서 전화했습니다"라며 첫인사를 했다. 전화통화에서의 음성은 이미 짜증 섞인 목소리에 껄렁껄렁한 말투다. 전화하기 싫은데 고객이 문자를 주니 어쩔 수 없이 억지로 전화하는 듯한 목소리다. 안 그래도 상담원 때문에 예민해져 있던 차에 더욱 기분이 좋지 않았다. 어쨌든, 도대체 이 프로세스가 어떻게 돌아가는지 내가 잘못 알고 있는 것인지 궁금하기도 하여 "원래 내가 문자를 넣거나 전화를 먼저 해야 전화를 주는 건가요?"라고 물었다.

그러자 그 직원은 상담원한테 현장출동이 아니라고 말하지 않았느냐는 거다. 그럼 현장출동이 아니면 전화를 주지 않아도 되는 것인가? 그럼 언제 전화를 주는 거냐고 물었더니 앞에 고객이 몇 분 있어서 차례대로 전화를 하려니 늦어졌다는 것이다. 답변도 좀 이해가 되지 않는 상황이었다. 그래서 "왜 이렇게 프로세스가 복잡한가요? 예전에는 바로바로 전화를 주셨던 것 같은데, 그럼 언제쯤 전화를 준다고 해야 하는 거 아니에요?"라고 물었다. 내 입장에서는 나의 스케줄도 있기 때문에 시간 약속을 해야 한다고 생각했다. 이 상황에서 직원은 "늦게 전화해서 죄송합니다"라고 말하면 끝나는 상황이었다. 그런데 예민해진 나에게 그 직원은 "고객님, 굉장히 신경질적이시네요"라고 한다.

처음 전화할 때 전화목소리부터 뭔가 감이 좋지 않았는데 역시 끝까지 내 기분을 상하게 한다. 나의 첫 느낌이 맞아떨어졌다. 고객응대에 적합한 사람이 아니라는 것을 느낄 수 있었다. 그는 전화하기 전부터 기분이 나쁜 상태였으며 그 나쁜 감정이 고스란히 나에게 전달되는 상황이었다. 특히 지금의 상황은 고객의 편이 되어야 하는 상황이며 고객이 사고 때문에 충분히 예민해져 있을 수 있다는 걸 감안해야 하는데 고객의 감정을 전혀 헤아리지 못하며 자신의 좋지 않은 감정을 표현하고 있는 것이다. 기본적인 마인드가 되어 있지 않다는 걸 느꼈다. 그리고 직원에 대한 교육이 제대로 이루어지고 있는가를 의심하게 했다. 어떻게 고객에게 그런 표현을 할 수 있는지 이해가 되지 않았다. 그것도 대기업의 보험회사 직원이 말이다. 나의 전 직장이 손해보험회사였기 때문에 그 놀라움은 더욱 컸다.

다행히 전에 근무했던 직장은 아니었다. 그나마 다행이었다. 나는 당장 "죄송합니다만 담당자 바꿔주십시오!"라고 말하여 담당자를 바꿨다. 새로운 담당자는 얼마 후 전화해서 "전 담당자의 불쾌한 표현에 정말 죄송합니다"라고 했다. 이렇게 응대하는 것이 원래 맞는 게 아닌가! 참으로 어이없는 일이었다.

나는 시간이 지난 후 도대체 이번 응대에서 무엇이 문제였을까를 생각해보았다. 일차적으로는 접수한 상담원에게 문제가 있다고 할 수 있다. 내가 현장출동을 지금 당장 하지 않아도 된다고 했지만 현장에 담당자가 올 것을 예상하며 시간약속을 기대하고 전화했던 것인데 이 부분을 정확하게 파악하지 못한 채 나와 통화를 했다. 그리고 자신이 해석한 대로 담당자가 출동하지 않아도 된다는 것을 전제로 잘못된 상황을 담당자에게 전달했던 것이다. 그러니 나는 계속 기다려야만 하는 상황이 되었던 것이다. 두 번째는 껄렁한 담당자였다. 그 직원은 기본적인 마인드가 없을 뿐만 아니라 자신의 기분 나쁜 감정을 전화를 통해 그대로 고객에게 전달하면서 감정컨트롤이 되지 않는 모습을 보여주었다. 또한 앞에 고객이 많아서 전화가 늦어졌다는 등의 핑계를 댔으며, 특히 고객에게 "신경질적이시네요"라고 말하는 등 직원으로서 해서는 안 될 표현을 했다. 세 번째로 회사에서는 현장출동이 아닌 경우의 정확한 프로세스의 정립, 즉 매뉴얼이 미흡해 보인다. 이에 따른 스크립트가 필요하다. 그리고 이에 따라 내부 커뮤니케이션이 원활하지 않았던 점도 있을 수 있다. 상담원과 담당자 간의 커뮤니케이션에 오류가 있었을 수도 있다는 것이다. 마지막으로 회사에서는 직원에 대한 철저한 서비스 마인드 및 커뮤니케이션 스킬 등의 교육이 부족하다고 판단할 수 있다. 또한 그 직원과 같은 경우는 자신의 감정을 다스릴 수 있는 교육이 필요해 보인다.

다른 부분은 썩 유쾌하지 않아도 대충 넘어갈 수 있었지만 '신경질적이다'의 표현에는 감정이 극도로 나빠지는 것을 느꼈다. 설사 그렇게 느꼈다 해도 그건 본인이 느끼는 생각과 표현이지 결단코 고객에게 해서는 안 되는 말이었다. 만약 직원의 서비스 마인드가 뛰어난 사람이었으며 좋은 감성의 소유자였다면 그렇게까지 표현하지는 않았을 것이다. 이는 직원 개인의 감성에 관련된 부분으로 공감의 표현에 앞서 자신의 감정을 컨트롤하며 감성을 키워야 한다는 것을 다시 한 번 강조하고 싶다. 그래야지만 고객의 입장에서 생각하며 고객에게 공감의 표현이 이루어질 수 있기 때문이다.

서비스 현장에서 역지사지의 마음으로 고객을 응대하라고 얘기한다. 하지만 이는 결단코 쉽지 않으며 그럴 수 없는 반대의 상황도 생길 수 있다. 하지만 예민해진 고객에게 예민하다고 말하면 더 예민해질 수 있는 게 고객이다. 우리가 어떻게 표현하느냐에 따라 상황은 달라질 수 있다는 것을 기억해야 할 것이다. 그렇기 때문에 고객응대에서 더욱 중요시해야 할 부분이 있다면 언어의 표현방법이 될 것이다. 부정적인 표현이 아닌 긍정적인 표현, 긍정의 언어를 사용할 수 있어야 한다.

우리의 언어에는 강한 힘이 있다. 이미 말의 힘에 대한 많은 연구결과들이 이를 증명하고 있다. 언젠가 MBC에서 하얀 쌀밥을 가지고 언어에 대해 실험한 것을 본 적이 있다. 하얀 쌀밥을 플라스크 두 개의 용기에 각각 담아 한쪽에는 긍정의 말 '고맙습니다'를, 다른 한쪽에는 부정의 말 '짜증나'를 용기에 대고 지속적으로 들려주었다. 그리고 한 달 후 용기를 살펴본 결과 긍정의 말을 들은 밥은 하얗게 꽃이 피듯 향기로운 누룩이 피어 있었으며 부정적인 말을 들은 밥은 악취를 풍기며 부패해 있었다. 이러한 실험은 밥뿐만 아니라 양파 그리고 물을 가지고도 실험한 여러 연구결과들이 있다. 즉 모든 식물과 생물체에는 어떤 표현이냐에 따라 긍정적인 또는 부정적인 영향을 미치게 된다는 것이며 또한 말하는 당사자에게도 그 영향력은 그대로 전달된다는 것이다.

그래서 나의 감정컨트롤을 통한 감성의 긍정적인 표현, 그리고 고객 입장에서의 공감의 표현으로 다가가야 한다. 공감의 표현으로 고객의 예민함을 다독거리며 마음의 문을 열 수 있도록 나의 언어가 아닌 고객의 언어, 그리고 긍정의 언어를 사용할 수 있어야 할 것이다. 긍정의 언어표현은 서비스의 기본이자 고객을 즐겁고 행복하게 할 수 있는 서비스 파워이다.

## I message / You message

음식을 어떤 그릇에 담느냐에 따라 그 맛이 달라지듯 우리의 말도 어떻게 표현하느냐에 따라 같은 말이라도 그 느낌과 의미는 달라질 수 있다. 그래서 우리의 말을 제대로 표현하지 못하면 본의 아니게 상대방의 감정을 상하게 하는 일까지 생겨나게 된다. 그렇기 때문에 말하는 법을 배우며 익힐 필요가 있다. 특히 상대방에게 조언이나 잘못을 지적해야 할 때는 더욱더 조심스러워지는데 상대방의 감정을 배려하며 효과적으로 메시지를 전할 수 있는 표현법을 익혀보자.

그렇다면 어떤 표현법을 사용하면 좋을까? I message와 You message 전달법이 있다. I message는 나를 주어로 상대가 아닌 나에게 초점을 맞추어 자신의 감정과 느낌을 솔직하게 표현할 수 있는 대화기술이다. 예를 들어 '당신이 ~한 행동을 할 때 나는 ~를 느껴요' 식이다. 상대방의 행동을 표현하면서 자신이 느끼는 감정을 표현하게 된다. 또는 사실과 함께 결과 그리고 느낌 및 감정을 표현하게 된다. 이는 상대방의 감정이 상하지 않게 전달하며 자신의 느낌과 감정을 표현함으로써 상대방의 공감을 더욱 불러일으킬 수 있다.

반면 You message는 상대방에게 초점을 맞추는 대화방식으로 상대방의 잘못된 행동에 대하여 언급하게 된다. 예를 들어 '당신 때문이다' '네가 ~~이기 때문에'라는 식으로 상대의 잘못된 행동에 초점을 맞추게 된다. You message를 통해 상대방은 질책당하는 느낌을 받게 되며 감정적으로 받아들여질 수 있다. 그렇기 때문에 You message를 사용하는 것보다 I message를 사용하는 것이 효과적인 전달법이라 할 수 있다.

하지만 I message 사용 시 주의할 점이 있다. 상대방을 질책하기 위한 대화법이 아닌 이상 자신의 어조와 목소리의 높낮이를 조절함으로써 감정적으로 긍정적인 느낌을 전달할 수 있어야 한다. 그리고 적절한 보디랭귀지를 사용함으로써 친밀감과 신뢰감을 느낄 수 있도록 해야 한다. 또한 상대방을 바라보아야 하며 눈을 마주쳐야 한다. 그리고 상대방의 행동에 대하여 사실적인 내용만을 언급해야 한다. 예를 들어 상대방은 '큰 소리'로 말했을 뿐인데 '소리를 지른다'는 식의 과장된 표현이나 부정적인 표현은 상대방을 자극할 수 있다. 반드시 사실적인 표현에 대해 자신의 감정 및 느낌을 전달할 수 있어야 한다.

예) You message

"넌 언제나 왜 그렇게 늦니?"

"너 정말 어이없다."

"책상이 왜 이렇게 지저분하니?"

예) I message

"나는 네가 늦게 오니까 무슨 나쁜 일이 있었나 걱정했어."

"네가 그렇게 행동하니 (객관적 사실) 다른 동료들이 흉을 볼까봐

(결과) 속이 상하는구나(감정)."

"네 책상이 어질러져 있어서 네가 공부하는 데 집중을 잘 하지 못할

까봐 염려스럽구나."

# ❗ 리액션으로 고객을 춤추게 하라

　예전 직장 후배가 옆에서 투덜거린다. 자신의 동료와의 사이에서 불편한 감정이 있었던 듯하다. 무슨 일이냐고 묻자 자신이 동료직원한테 질문을 했는데 반응이 영 시큰둥하다는 것이다. 그래서 무시당한 느낌이라는 것이다. 그리고 평소에도 그 직장동료는 반응이 없는 스타일이라는 것이다. 그런데 그가 하는 말이 걸작이다. "액션이 있는데 리액션이 없어!" 그녀의 상황에 너무나 잘 맞아떨어지는 표현과 그녀의 표정에 크게 웃고 말았지만 속으로 매우 공감되는 상황이었다. 나 역시 평소 그 직원의 반응 없음에 답답함을 느껴왔던 차였다. 그리고 '액션에 따른 리액션'의 중요성에 대하여 다시 한 번 생각해보았다.

　이는 나의 직장에서만 일어나는 것이 아니라 우리의 모든 관계 속에서 각각의 상황에 따라 일어날 수 있는 부분이다. 그리고 리액션은 서비스 현장에서 친절이라는 이름으로 둔갑하게 된다. CS전문용어로는 정확히 '반응성'이라 칭한다. 서비스를 평가하는 5가지 품질이 있다. 신뢰성, 반응성, 확신성, 공감성, 유형성이 이에 해당된다. 이를 SERVQUAL이라 하며 서비스 품질을 평가하는 데 많이 활용된다. 여기에서 반응성은 고객의 요구, 질문, 불만, 문제 등에 즉각적으로 반응하는 서비스 정도를 의미한다. 리액션은 서비스평가에서도 중요한 요소이다.

그렇다면 우리는 어떻게 리액션해야 할까?

우선, 리액션을 하기 위한 전제조건이 있다. 먼저 경청을 잘 해야 한다는 것이다. 경청하지 않는 리액션은 가식적인 몸짓에 불과할 뿐이다. 경청을 통한 진심을 담은 리액션이 필요하다. 경청의 정의를 먼저 살펴보면 '상대의 말을 듣기만 하는 것이 아니라 전달하고자 하는 말의 내용은 물론이며 그 내면에 깔려 있는 동기나 정서에 귀 기울여 듣고 이해된 바를 상대방에게 피드백하여 주는 것'으로 설명되고 있다. 즉 경청이란 귀로 듣는 것뿐만 아니라 상대방의 말하고자 하는 의도를 깨달으며 마음으로 들어야 한다는 것이다. 그랬을 때 진정한 리액션이 나올 수 있는 것이다.

이런 리액션을 잘하는 사람이 있다. 우리가 잘 알고 있는 국민 MC인 유재석이 그 주인공이다. 그는 많은 프로그램에 출연하면서도 말을 많이 하지는 않는다. 단지 출연자들이 자연스럽고 편안하게 얘기할 수 있도록 분위기를 주도한다. MC로서 가장 중요한 부분이기도 하지만 그토록 편안하게 분위기를 리드하며 화기애애하게 만드는 비결은 바로 다른 MC와 다른 그 무엇이 있었던 것이다. 바로 경청이다. 출연자들은 유재석이 나의 말을 잘 듣고 있다는 믿음과 신뢰를 전제로 그들의 끼를 발산하게 된다.

모든 사람들은 말하고자 하는 욕구가 있다고 한다. 그런데 경청은 상대방으로 하여금 이러한 욕구를 채워주게 된다. 그래서 나의 말을 잘 들어주는 사람에게 호감을 갖게 된다. 많은 사람들이 유재석에게 호감을 갖는 이유 역시 상대방의 말을 잘 들어주기 때문일 것이다. 유재석은 누군가가 말을 할 때 주의깊게 들어준다. 그리고 그에 따른 리액션을 한다. 또한 그의 리액션은 리얼하다. 말로만 반응하지 않는다. 표정과 보디랭귀지로 리액션의 맛을 더욱 살리며 때로는 센스 있는 유쾌한 맞장구로 받아치기도 한다. 그야말로 그의 리액션은 시청자를 웃게 만든다. 칭찬은 고래를 춤추게 한다지만 리액션은 상대방을 춤추게 할 수 있는 것이다.

그렇다면 상대방, 즉 고객을 춤추게 하는 리액션은 어떻게 해야 할까? 그 비결은 BMW(Body, Mood, Word)를 이용하는 것이다. 고객에게 리액션을 하는 첫 번째는 Body를 맞추는 것이다. Body는 표정, 눈빛, 자세, 움직임 등으로 고객을 바라보며 자신의 몸이 고객을 향해야 한다. 그리고 눈은 고객을 바라보아야 한다. 눈맞춤을 하면 더욱 좋다. 그리고 고객과 눈높이를 맞추는 것이다. 두 번째, 분위기(Mood)를 맞추는 것이다. Mood는 음정, 음색, 빠르기, 높낮이가 해당되며 고객이 현재 어떤 분위기인지를 잘 파악할 수 있어야 한다. 기분이 좋지 않아 보이는데 생글생글 웃는다면 이는 고객을 비웃는 것과 다름없다. 상황에 따라 나의 분위기도 조절할 수 있어야 한다. 속도, 목소리의 리듬, 억양, 말투 등도 상대방에게 맞추도록 해야 한다. 마지막으로 Word는 말의 내용과 언어다. 상대방이 말하는 법을 맞추는 것으로 상대가 사용하는 말을 사용하는 것이다. 예를 들어 "오늘 덥네요"라고 말하면 "정말 덥군요"라고 호응해주는 것이다.

사랑하는 연인들을 보라! 그들의 자세는 상대방을 향하고 있으며 눈을 맞춘다. 그리고 같은 분위기를 연출하며 되도록이면 같은 단어를 사용한다. 실제로 연구조사에 의하면 이러한 BMW를 맞추었을 때 사랑의 깊이가 더욱 커진다는 연구결과가 있다. BMW를 통해 사람의 마음을 움직일 수 있는 것이다. 특히 이러한 BMW에 능숙한 사람들이 있다. 우리가 흔히 말하는 바람둥이가 그들이다. 하지만 그들은 이 BMW를 통해 여자의 마음을 사로잡게 된다. 이렇듯 우리가 고객에게 BMW를 맞추었을 때 그들을 춤추게 만들 수 있으며 그들을 사로잡을 수 있는 것이다.

또한 리액션은 즉각적으로 반응해야 한다. "오늘 덥네요"라고 했는데 아무런 반응이 없거나 한참 후에 "정말 덥네요"라고 반응한다면 '내가 뭘 잘못했나? 실수했나?' 등 상대방에 대하여 많은 생각을 하게 만들 것이다. 서비스 현장에서도 마찬가지다. "여기 실내가 너무 더운 거 같아요"라고 했는데 아무런 반응이 없거나 한참 후에 "그럼 에어컨 틀어드릴까요?"라고 반응한다면 고객의 기대감이 실망감으로 만족이 불만족으로 변하게 된다.

실제로 내가 가끔씩 가는 모 레스토랑은 직원에게 추가 음식물을 시키려고 하는데 테이블 위에 직원을 호출할 수 있는 호출벨이 없다. 그래서 손을 들게 되는데 한참을 들고 있어도 아무런 반응이 없다. 결국은 직접 가서 시켜야 하는 상황이 발생한다. 반면 내가 좋아하는 또 다른 레스토랑에서 친구와 식사를 하고 있었다. 그런데 한참 식사 중에 남자 직원이 와서 무릎을 살짝 굽히며 말을 건다. "혹시 더 필요하신 거 있으신가요?" "혹시 필요하시면 언제든지 말씀해주세요." 그것도 아주 밝은 표정으로 친근하게 말을 건다.

이렇듯 액션을 해도 리액션이 없거나 늦는 곳이 있는 반면 액션이 없어도 리액션을 하는 곳이 있다. 하지만 기대하지 않은 리액션에 고객은 '필요를 채워주려 노력하는구나' 또는 '관심있게 우리를 지켜보고 있구나'라는 생각을 하게 된다. 리액션은 타이밍이 중요한 것이다. 타이밍에 따라 그 효과는 떨어지게 된다. 즉각적인 타이밍의 반응과 BMW를 함께했을 때 그 효과는 최대가 되는 것이다.

언젠가 친구를 만나는데 시간이 남아 강남지하상가를 거닐며 아이쇼핑을 하고 있었다. 단지 기다리는 시간을 때우기 위한 쇼핑이었다. 지하상가에서 액세서리를 파는 자판대를 보며 맘에 드는 귀고리를 귀에 살짝 대보았다. 그랬더니 근처에 있던 직원이 다가와 한번 해보라며 적극 권유하는 것이다. 예쁜 귀거리를 보며 아무 생각 없이 귀에 착용하기 시작했다. 그랬더니 옆에 있던 직원이 "어머 너무 잘 어울려요!" 하며 갑자기 박수를 치며 칭찬하는 것이다. 그 모습에 나도 모르게 한껏 고조되어 "정말, 잘 어울리네요." 하며 내가 맞장구를 치게 되었다. 그리고 나는 그 귀걸이를 당장 사고 말았다. 그 직원분에게 원래 그렇게 박수를 잘 치냐고 물어보았다. 그분은 그냥 웃으셨지만 BMW를 너무나도 잘 연출한 세일즈에 탁월한 분이셨다. 또는 단지 BMW를 잘하셨을 뿐인데 내가 탁월하다고 느꼈는지도 모르겠다

# 탁월함은 행동이 아니라 습관이다

무한도전에서 일반 시청자에게 질문했다.

"만약 여러분이 다른 삶으로 살 수 있다면 유재석 Vs 박명수 누구로 살고 싶으세요?"

유재석은 가는 곳마다 모든 사람에게 인사하며 겸손한 모습으로 살갑게 대화를 시도하는 반면, 박명수는 자신감과 당당함으로 다른 이들을 신경 쓰지 않는 호통 스타일을 보여준다. 많은 시청자는 누구를 꼽았을까? 많은 사람들은 박명수를 꼽았다. 여기에는 '일상적인 삶 안에서 배려하는 게 피곤하다.' '유재석을 존경하지만 내가 되고 싶지는 않다.' '길게 살 거면 유재석 짧게 살 거면 박명수' 등의 댓글이 달렸다.

여러분이라면 어떤 삶을 살고 싶은가? 아마도 많은 사람들은 유재석도 아니며 박명수도 아닌 그 중간쯤에 있다고 생각한다. 그러기에 어떤 때는 유재석처럼 이미지메이킹하기도 하며 어떤 때는 박명수의 모습을 동경하기도 한다. 그리고 박명수처럼 행동하기도 한다. 인간은 모두 양면성이 있기 때문이다.

하지만 내가 아닌 다른 이의 모습으로 살아간다면 그 자체가 고통이 될 것이다. 또한 그렇기 때문에 일반 직장인들은 힘든 생활을 하고 있는지도 모른다. 하지만 가장 나다운 모습을 통해 가장 이상적인 모습을 보여준다면 어떨까? 예전 직장에서 신입 후배강사가 내가 강의하는 모습을 보고 따라하는 것을 보았다. 내가 보았을 땐 어색하기 그지없었다. 그런데 시간이 지나자 무작정 따라했던 모습에 자신만의 색깔을 입히니 그 강사만의 컬러가 나오기 시작했다. 처음에 무작정 따라했던 모습보다는 참으로 안정적으로 보였다. 자신의 롤 모델을 정하는 것은 좋다. 하지만 롤 모델에 자신의 개성은 살려야 한다. 이처럼 서비스 현장에서도 자신의 컬러는 존중되어야 한다. 그리고 서비스 현장에서 꼭 지켜야 하는 원칙이 존재한다. 자신의 컬러에 꼭 지켜야 하는 원칙을 더할 필요가 있는 것이다.

서비스 현장에 나가 직원들을 보면 서비스 성향을 타고난 사람들이 있다. 그들은 원래부터 웃는 얼굴이고 겸손하며 상대방을 배려하고 친절하며 다른 이들에게 호감을 준다. 하지만 이런 스타일의 사람들이 많지는 않다. 대부분은 자신에게 주어진 업무가 고객에게 친절해야 하기 때문에 친절하고자 노력하는 모습을 보인다. 그리고 곧 원래의 상태로 되돌아간다. 교육 시에도 밝은 표정을 지으며 응대할 수 있도록 교육을 한다. 그러면 처음에는 밝은 표정을 유지하려 노력하지만 밝은 표정이 곧 차가운 표정으로 바뀌어버린다. 고객이 입점하면 밝은 표정으로 인사하지만 곧바로 심각한 표정으로 변하게 된다. 배웅인사를 할 때도 마찬가지다. 고객이 창구에서 떠나기도 전에 표정이 심각해지는 것을 자주 목격한다. 또한 옆에 있는 직원과 밝은 표정으로 이야기하다가도 고객을 응대할 때는 심각하게 돌변해 버리는 모습 등 우리의 표정은 나의 본래의 모습으로 바뀌게 된다.

이는 다이어트 후 요요현상처럼 원래의 자신의 모습으로 되돌아가는 것이 당연한 것인지도 모른다. 그리고 고객과 응대 시 시종일관 웃는 모습을 연출하기란 쉽지 않다. 하지만 심각한 표정과 밝은 표정은 다르다. 밝은 표정과 긍정적인 표정을 연출하는 것은 중요하다. 고객을 위한 서비스를 위해서이기도 하지만 바로 내 자신을 위한 것이기 때문이다. 그래서 우리는 의식적으로 자신을 바꾸어 나갈 필요가 있다. 나의 가장 이상적인 모습으로 말이다. 제임스 랑케효과가 있다. 사람은 슬퍼서 우는 게 아니라 울기 때문에 슬퍼지며 즐거워서 웃는 게 아니라 웃기 때문에 즐거워진다는 것이다. 신체적 변화가 감정적인 변화를 일으킨다는 심리 이론이다. 이 이론처럼 우리의 행동의 변화는 사람의 마음까지 변화시키게 되는 것이다. 즉 우리의 밝은 표정은 바로 나 자신을 위한 것임을 잊지 말아야 할 것이다.

또한 이러한 좋은 모습들을 습관화하여 나의 모습으로 만들 필요가 있다. 일시적인 변화가 아닌 의식적인 노력을 통하여 나의 것으로 만들 수 있어야 한다. 이를 위해서는 내 자신의 모습을 인정하며 더욱더 좋은 모습을 위한 노력이 필요할 것이다.

습관이란 다큐를 본 적이 있다. 습관에 관한 실험을 하였는데 자동차 방향지시등의 좌우가 반대로 작동되도록 설치하여 작동시키는 실험이었다. 실험자의 한 팀은 운전경력 10년 이상의 그룹이고 다른 한 팀은 1주일 미만인 그룹으로 나누어 반대로 된 방향지시등을 얼마나 잘 작동시키는지를 조사하는 실험이었다. 실험결과 운전경력 10년 이상인 그룹보다 1주일 미만인 그룹에서 깜빡이 자동성공률이 더 높게 나타났다. 이는 오랜 기간 동안 깜빡이 작동 레버에 습관이 들어 있는 10년 이상의 운전자들이 반대로 작동해야 한다는 것을 알고 있지만 이를 인지하며 행동으로 옮기기 전에 습관이 들어 있는 예전의 방식대로 손이 먼저 깜빡이 자동 레버를 작동했기 때문이었다. 반대로 1주일 미만인 그룹은 아직 습관이 들어 있지 않은 상태였기 때문에 새로운 내용을 습득하고 그대로 행동으로 옮기는 데 10년 이상의 운전자처럼 많은 어려움이 따르지 않았던 것이다.

이렇듯 습관은 나도 모르게 나의 행동을 유발하게 하며 더 나아가 나의 감정까지 지배할 수 있다. 또한 오래된 습관은 바꾸기가 쉽지 않다. 그렇기 때문에 좋은 습관을 가질 필요가 있으며 이를 습관으로 만들기 위한 우리의 의지적인 노력과 필요가 있는 것이다. 또한 서비스 현장에서 나타나는 고객에 대한 응대의 습관은 자신에게 긍정 또는 부정적인 영향을 줄 수 있는 만큼 좋은 습관은 나의 성장을 돕고 성공적인 삶을 살아갈 수 있게 한다.

아리스토텔레스는 "탁월한 사람이라서 올바르게 행동하는 것이 아니라 올바르게 행동하기 때문에 탁월한 사람이 되는 것이다. 현재의 우리는 우리가 반복적으로 하는 행동의 결과이다. 즉 탁월함은 행동이 아니라 습관이다"라고 말했다. 그렇기 때문에 올바른 행동을 습관으로 변화시킬 수 있어야 한다.

요즘 기업에서는 리더들의 중요성을 알고 리더상을 정하여 행동규칙으로 리스트하여 정하고 있다. 나도 예전 직장에서 모든 리더들이 지켜야 할 행동규칙을 규정하여 배포한 적이 있다. 이후 어떻게 행동해야 할지 모르는 상황에서 많은 도움이 되었다는 말을 전해 들었다. 또한 그렇게 규정된 행동리스트를 실천하고자 노력한다면 자신도 모르게 올바른 리더의 모습이 자리 잡히게 된다.

서비스 현장 근무 시에도 똑같이 적용될 수 있다. 서비스 성향을 타고나지 못했다 해도 내가 행동해야 할 행동리스트를 만들어 실천해본다면 가장 이상적인 모습을 연출할 수 있을 것이다. 이러한 노력은 제임스 랑케효과처럼 서비스 담당자로서 자신의 마음까지 변화시킬 수 있을 것이다. 서비스 현장에서는 일반적으로 지켜야 하는 원칙이 있다. 물론 우리 기업(매장)의 특징에 따라 행동 원칙들은 달라질 수 있을 것이다. 하지만 변하지 않는 원칙은 있다. 다음의 원칙을 기준으로 우리 서비스 현장에 맞는 원칙을 세워 지켜보자.

## 「서비스 행동 원칙」

- 원칙 1 : 진짜미소를 지어라!

  천천히 웃는 밝은 표정을 유지하는 것이 호감을 유발한다.

  급방긋 미소는 가식적이라는 비호감을 유발할 수 있다.

- 원칙 2 : 3초의 여운을 남겨라!

  고객이 자리를 뜰 때까지 바라보는 여운을 남겨보자.

  고객은 3초의 세심함에 감동하게 된다.

- 원칙 3 : 눈맞춤을 하라!

  밝은 표정으로 고객과 눈맞춤을 유지하라.

  그리고 '당신을 지지합니다'라는 느낌을 전달해보자.

- 원칙 4 : 리액션으로 고객을 춤추게 하라!

  액션이 있으면 리액션해야 한다.

  BMW로 리액션하라!

- 원칙 5 : 고객에게서 시선을 떼지 마라!

  고객이 요구하기 전에 다가가자.

  더 큰 감동을 줄 것이다.

- 원칙 6 : 관심을 표현하라!

고객은 인정받고 싶어한다.

당신의 작은 관심에 반응할 것이다.

• 원칙 7 : 밝은 목소리를 유지하라!

밝은 목소리는 고객에 대한 태도를 표현한다.

그리고 고객을 기분 좋게 만든다.

• 원칙 8 : 존중하고 경청하라!

고객을 먼저 존중하고 경청하라.

고객은 당신에게 호감을 가질 것이다.

• 원칙 9 : 긍정의 표현을 먼저 하라!

어떤 상황에서든 긍정언어를 사용하라.

부득이할 경우 쿠션언어를 사용하자.

• 원칙 10 : 긍정마인드를 유지하라!

내가 즐거워야 한다.

그리고 긍정파워를 전염시켜라!

# 🗨️ 고객의 사고로 소통하라

중국에서 일어난 일이라고 한다. 집 앞의 담벼락에 사람들이 자전거를 주차하고 출근하자 주인이 담벼락에 자전거를 주차하지 말라고 경고문에 협박문까지 온갖 방법을 다 써봤다고 한다. 하지만 갈수록 심해지기만 하고 전혀 소용이 없자 궁리하던 중 기발한 아이디어가 떠올라 담벼락에 자신이 생각해낸 문구를 적었다고 한다. 그리고 그날로 모든 자전거는 자취를 감추었다는 얘기다. 주인이 담벼락에 적었던 문구는 '자전거 공짜로 드립니다. 아무나 가져가십시오!'였다. 주차하지 말라는 메시지에는 아무런 움직임이 없었던 자전거 주인들에게 긴장감을 유발하고 바로 자전거를 철수시키게 한 재미난 표현이라 할 수 있다. 위의 사례는 기발한 아이디어와 재미난 표현으로 사람들의 행동을 유발했지만 상대방의 입장에서 마음의 문을 열게 한 이야기가 있다.

뉴욕에서 실제 있었던 일이라고 한다. 매서운 추위가 기승을 부리던 어느날 맹인 한 명이 길거리에서 구걸을 하고 있었다. 그리고 그의 가슴에는 팻말이 있었는데 여기에는 다음과 같은 글귀가 적혀 있었다. "저는 태어날 때부터 맹인입니다." 하지만 거리를 지나는 많은 행인들은 그를 무심히 지나쳐 갈 뿐 그에게 도움을 주는 이는 거의 없었다. 그러다 그를 유심히 보던 어느 한 시인이 그 팻말을 보고는 팻말 뒤편에 다른 글귀를 써서 다시 목에 걸어주고 사라졌다. 그러자 얼마 지나지 않아 많은 사람들이 그에게 따뜻한 도움의 손길을 내밀며 애정어린 격려의 말까지 하기 시작했다고 한다. 새로운 푯말에는 다음과 같은 글귀가 적혀 있었다고 한다. "봄이 오고 있지만 저는 이 봄을 볼 수 없습니다."

그냥 지나치던 행인들이 맹인에 대한 안타까움으로 도움의 손길을 내밀게 했던 것은 바로 팻말의 문장이었다. "저는 태어날 때부터 맹인입니다"는 행인들과 상관없는 전혀 공감되지 않는 문장으로 그들의 마음을 열 수 없었던 것이다. 하지만 "봄이 오고 있지만 저는 이 봄을 볼 수 없습니다"는 문장은 봄이라는 단어를 통해 이 봄을 함께 볼 수 없는 맹인에 대한 안타까움을 느끼게 함으로써 행인들이 마음의 문을 여는 계기가 된 것이었다. 상대방의 마음의 문을 여는 것은 바로 공감을 불러일으키는 언어의 표현에 있었다. 상대방에게 공감을 불러일으키는 언어는 상대방의 입장에서 상대방이 느낄 수 있는 표현이어야 한다.

일반적으로 인간은 자기중심적이다. 그래서 한때 유행했던 문장이 있다. '세상의 주인공은 나!' 지인의 카톡 문구에도 쓰여 있던 문구였다. 그리고 그분은 정말 세상의 주인공처럼 사시는 분이었다. 물론 멋있게 살아가는 분이었지만 상대방의 입장에서 생각하고 행동하는 부분이 아쉬웠던 것을 기억한다. 자신의 삶에서 주인공은 바로 자기 자신이다. 하지만 혼자만 살 수 없는 게 세상이다. 다른 사람과의 관계 속에서 살아야 한다. 특히 고객과의 관계에서는 자신이 먼저가 아니라 고객이 먼저가 되어야 한다. 그래서 고객과의 관계에서 '세상의 주인공은 나!'가 아니라 '세상의 주인공은 너!'로 바꾸어주어야 한다. 즉 고객 중심적인 사고의 역지사지의 표현이 중요한 것이다. 역지사지의 표현은 공감을 불러일으키며 마음을 열게 만드는 것이다.

조하리 창(The Johari Window)이 있다. 조하리 창은 상대방과의 소통에 있어서 상호 간 이해를 도우며 소통하는 커뮤니케이션 모델이라 할 수 있다. 조하리(Johari)는 미국의 심리학자 조셉 루프트(Joseph Luft)와 해리 잉햄(Harry Ingham)의 이름에서 유래했다.

조하리 창에는 4개의 영역이 존재한다. 첫 번째, 공개영역(Open Area)은 자신도 알고 타인도 아는 영역으로 내 자신의 행동, 지식, 태도 등이 포함된다. 두 번째, 맹인영역(Blind Area)은 나는 모르지만 타인은 아는 보이지 않는 영역으로 상대로부터 관찰되는 모습이 이에 해당된다. 이곳에는 자신의 습관, 거부감 등이 존재한다. 세 번째, 비밀영역(Hidden Area)은 자신은 알지만 타인은 모르는 영역으로 자신에 대한 신상에 관련된 내용이 될 수 있다. 마지막으로 미지영역(Unknown Area)은 나도 모르고 타인도 모르는 영역으로 창조될 수 있는 영역이라 할 수 있다. 결국 사람들과의 관계에서 갈등과 오해를 줄이고 소통을 늘리기 위해서는 첫 번째 영역인 공개영역을 넓힐 수 있어야 한다.

하지만 상대방과의 갈등과 오해를 줄이기 위하여 무조건적으로 나만의 방식으로 나를 오픈한다면 이 역시 갈등과 오해를 일으키며 제대로 된 소통이 이루어지기 힘들 것이다. 바로 세상의 주인공이 내가 되어버리며 상대방더러 나에게 맞춰달라는 식의 표현이 될 수 있다. 우리는 갈등과 오해를 줄이기 위한 나의 오픈된 영역을 넓힐 수 있어야 한다. 하지만 이때 중요한 것은 나의 언어가 아닌 상대방의 언어, 상대방의 사고, 상대방의 입장을 고려하는 것이다. 이러한 과정을 거쳤을 때 상대방은 공감하게 되며 마음의 문을 열 수 있게 될 것이다.

고속버스를 타면 휴게소에 들르게 된다. 어느 휴게소 커피숍에서 커피를 마시는데 아주 크게 쓴 팻말이 보였다. 팻말에는 이렇게 씌어 있었다. "매장에 컵은 재고=돈으로 연관되어 있기 때문에 절대 드릴 수 없습니다!!" 아마도 고속도로에서 커피를 다른 사람과 나눠 마시는 경우가 종종 있는데 이때 손님들이 종이컵을 요구했던 모양이다. 이에 고객들의 종이컵 요구를 미리 방지하고자 이런 팻말을 써놓았던 것 같다. 팻말의 의미는 충분히 이해되지만 좀 더 고객입장에서 쓸 수 있지 않았을까 하는 아쉬움이 남았다. 물론 가장 좋은 방법은 종이컵을 준비해 사용할 수 있도록 하는 서비스를 하면 좋겠지만 상황이 여의치 않다면 분명 고객의 입장에서 고객을 배려한 고객의 언어로 공감을 불러일으킬 수 있는 표현이 필요한 것이다.

언젠가 지인이 했던 이야기가 기억난다. 이제 막 오픈한 지인의 레스토랑을 잘 아는 분과 함께 방문한 적이 있었다. 지인이 일부러 찾아온 것에 대한 감사의 표현으로 레스토랑 주인은 추가 메뉴를 서비스했다. 그

레스토랑에서 가장 인기 있는 아이스로 된 달콤하고 아름다운 색의 음료를 서비스로 시켜주셨다고 한다. 물론 그 서비스에는 감사의 표현이 담겨 있었지만, 당시 지인은 감기에 걸려 찬 음식을 피해야 하는 상황이었다. 그리고 찬 음료를 별로 좋아하지 않는 터에 그 음료수를 받고 한참을 고민했다고 한다. 하지만 성의의 표시인 것을 알고 찬 음료를 힘들게 마셨다는 얘기를 전해 들었다.

이렇듯 상대에 대한 나의 마음이 아무리 크다고 해도 상대방의 입장을 고려하지 않는 서비스는 상대방에게 곤란함과 불편을 줄 수 있다. 또한 상대방 입장에서의 표현이 아닌 내 입장에서의 표현은 공감을 불러일으킬 수 없다. 이는 우리 일상생활의 여러 상황에서, 그리고 고객과 만나는 서비스 접점에서 더 나아가 기업의 경영에서도 똑같이 적용된다. 고객을 위한 편의를 고려하여 서비스를 실시하였지만 고객에게 도리어 불편함을 주는 등 충분히 좋지 않은 결과를 가져올 수 있다는 것이다.

특히 고객들의 입장이 아닌 공급자 중심이어서 고객이 어려워하는 문장과 단어가 많은 곳이 있다. 금융권, 자동차, 의료기관 등에서는 고객들이 일상적으로 사용하지 않는 단어들을 아주 쉽게 사용하는 경우가 종종 있다. 도대체 알아들을 수 없어 다시 물어보고 싶으나 무식하다는 말을 들을까봐 묻지도 못하는 경우가 생기게 된다. 기일도래, 분할해지, 자행환, 회전기간, 임대차계약, 원리금 등 현재는 일부 은행에서 어려운 은행용어를 이해하기 쉬운 용어로 사용하는 캠페인 등을 벌이고 있다니 모든 산업의 접점에서 고객을 위한 용어 표현이 일상화되기 바란다. 이처럼 고객입장에서 문장과 단어를 표현하며 문제를 처리하고자 하는 기업의 노력들을 볼 수 있다. 그렇다면 우리의 서비스 현장에서는 어떤 문장을 사용하고 있는지 고객을 위한 문장인지 우리의 편의만을 위한 문장인지 살펴보아야 할 것이다.

# 불만고객, 사로잡을 것인가? 영원히 떠나 보낼 것인가?

내가 불만을 자주 느끼는 곳이 있다. 바로 세탁소이다. 개인적으로 하얀색 옷을 좋아하는데 세탁소에 맡기면 하얀색 옷이 꼭 누렇게 변하는 경우가 종종 있다. 그것도 새로 산 하얀색 옷이 누렇게 변한 것을 보면 정말 맘이 아플 정도다. 한번은 옷을 찾으러 갔는데 아끼던 옷이 누렇게 변해 있었다. 그곳은 프랜차이즈로 운영되는 곳이었다. 그전에도 하얀색 옷이 누렇게 변해서 왔지만 말하기 귀찮아서 그냥 넘어갔던 차였다.

하지만 이번에는 도저히 그냥 넘어갈 수 없어 한마디했다. "아~ 옷이 누렇게 변했어요. 이렇게 누렇게 변하면 어떡해요!"라고 말했다. 그랬더니 주인아저씨 왈, "옷이 누렇게 변하지 않으려면 세탁소에 맡기지 말아야지!"라면서 나를 뚫어져라 쳐다보는 것이다. 아저씨가 그렇게 쳐다보니 너무 무서워서 옆에 있는 아주머니한테 "아주머니! 아저씨가 저렇게 노려보면 어떡해요? 제가 못할 말을 했나요?" 그랬더니 주인 아주머니가 아저씨가 원래 좀 그렇다며 죄송하다고 사과를 했다. 하지만 너무 기막힌 상황에 계속적인 말다툼은 피하는 게 나을듯 하여 바로 집으로 와버렸다.

그리고 나는 집에 와서 어떻게 했을까? 바로 그 세탁소 프랜차이즈 본사에 불만의 글을 올렸다. 그리고 그 아저씨로 하여금 사과하도록 하였으며 나의 옷을 아파트 경비실에 맡기도록 했다. 그리고 다시는 그 집에 가지 않는다. 불만고객은 수시로 다양한 상황에서 일어나게 된다. 하지만 불만고객을 어떻게 응대하느냐는 정말 중요한 문제다. 잘못된 응대는 불만고객을 화나게 만들어 더 큰 문제로 확대시키며 고객을 그대로 영원히 떠나 보낼 수 있다. 반대로 불만고객을 나의 영원한 고객으로 사로잡을 수도 있다. 직원의 응대는 고객을 나의 고객으로 사로잡느냐 영원히 떠나 보내느냐를 결정하게 된다.

위에서 언급한 세탁소 아저씨의 경우는 고객을 뚫어져라 쳐다보며 즉 노려보며 불만고객을 응대하였다. 당연히 그 응대를 받은 고객은 기분이 나쁠 수밖에 없는 것이며 화를 더욱 부추기게 된다. 하지만 나는 하얀색 옷이 누렇게 변한 것에 대한 안타까움이 컸기 때문에 이에 대한 공감이 필요했으며 본사에 연락을 취해 한번 더 깨끗하게 세탁해 주었으면 하는 바람이 있었던 것이다. 더구나 세탁물은 그 주인 아저씨가 세탁한 것이 아니었기 때문에 사과하며 본사에 알아보고자 하는 역할을 하면 됐을 텐데 왜 그렇게 하셨는지 아쉬움이 남는다. 어쨌든,

그의 잘못된 응대로 본사에 그 아저씨에 대한 컴플레인이 접수되었으며 결국 나에게 사과해야만 하는 상황이 발생하였다. 물론 옷은 다시 세탁하게 만들었다. 결국엔 그냥 그 가게에서 끝낼 수 있는 일을 본사에 컴플레인이 접수되는 등 일을 더 크게 만든 결과가 된 것이다.

## 도시바 불만고객응대

직원의 잘못된 응대와 초기대응 미흡으로 기업의 매출에까지 영향을 미친 사례가 있다. 우리가 잘 알고 있는 도시바에서 일어난 사건이다. 38세의 샐러리맨이 도시바에서 비디오 플레이어를 구입하였다. 하지만 비디오 플레이어에 문제가 생기자 곧 애프터서비스를 요청하였다. 하지만 도시바 측의 무성의한 태도와 서비스를 받고 이에 항의하자 도시바 측의 직원은 통화 중 고객에게 폭언과 함께 고객을 무시하기 시작한다. 이는 직원 한 명의 실수이지 도시바 측의 잘못은 아니라는 것이다. 이에 고객은 전화내용을 녹음하기 시작했으며 자신의 홈페이지에 해당 사실을 올리게 된다.

하지만 많은 사람들이 접속하면서 2일 만에 30만 명이 접속하여 해당 글을 접하게 되었으며 보름이 되지 않아 200만 명이 접속하게 되었다. 결국 언론에까지 알려지게 되면서 다른 소비자들이 동참하며 도시바 물건에 대한 불매운동까지 벌이는 상황이 벌어졌다. 그리고 매출이 급감하게 되는 상황이 벌어졌다. 결국 처음에 도시바 측에서 최초로 대응했던 '직원 한 명의 실수이지 도시바 측의 잘못이 아니다'라고 대응했던 것과 다르게 경영진이 모두 나와 진심으로 사과한다며 공개

사과를 하면서 잠잠해지기 시작하였다. 이는 바로 초기 불만고객응대 실패의 결과를 잘 보여주고 있다.

## 파리바게트의 불만고객응대

반면 고객의 불만에 초기에 신속하게 대응함으로써 기업의 위기를 잘 관리하며 이미지 훼손을 미리 방지한 기업의 모습도 보인다. 몇 년 전 파리바게트의 '쥐식빵'사건이 그 예이다. "쥐-쥐-쥐 고발하면 벌금이 얼마인가요?"라는 제목으로 인터넷에 사진과 글이 게재되면서 순식간에 확산되었다. 이는 매출이 가장 많은 연말에 일어난 사건으로 곧바로 매출과 직결될 수 있는 사건이었다.

하지만 파리바게트의 SPC그룹은 신속하게 대응하기 시작했다. 불만의 글은 12월 23일 새벽에 게재되었으며 아침에 임원진들은 출근 전부터 내용을 파악하여 바로 SPC그룹 내 비상상황반을 만들어 대외협력실과 홍보팀, 품질관리부서, 마케팅, 법무팀 등의 관계부서와 연결하여 전사적인 차원에서 비상상황반을 조직하였다. 그리고 당일 2시에 긴급 기자브리핑에서 입장표명 등을 통하여 쥐가 들어갈 가능성이 없음을 언론에 확인시키며 25일에 초등학생 구매자를 범인으로 지목하게 된다. 그리고 27일 국과수에 의뢰하여 29일 식빵을 구입한 초등학생 부모, 즉 경쟁점포 주인의 자작극이었음을 밝히게 된다.

물론 이러한 사건으로 인하여 매출에는 타격이 있었을 수 있지만 매우 신속하게 처리함으로써 큰 위기에서 빠르게 벗어날 수 있었다. 이는 신속한 대응이 있었기 때문에 가능했으며 신속한 대응을 위한 비상

상황반이라는 조직을 가동했기 때문에 가능했던 것이다. 이렇듯 모든 기업에서 불만고객과 이로 인한 위기는 언제든지 존재할 수 있다. 하지만 이를 어떻게 응대하고 대처하느냐에 따라 그 기업의 이미지와 이에 따른 결과는 크게 달라질 수 있다는 것을 잊어서는 안 될 것이다.

앞에서 일반 고객은 보통 10%의 재구매율을 보이지만 불만고객을 잘 관리하여 응대할 경우 불만고객의 65%가 다시 재구매를 하게 된다고 언급한 바 있다. 그렇다면 고객이 불만을 터뜨렸을 때 어떻게 응대해야 하는가? 불만고객응대 프로세스는 다음과 같다.

## 불만고객응대 프로세스

첫째, 사과 및 경청이며 둘째, 공감표현 셋째, 대안제시 넷째, 긍정적 마무리다. 가장 중요한 것은 신속한 사과이다. 하지만 일반적으로 고객이 불만을 제기했을 때 신속하게 사과하는 경우는 흔치 않다. 일반 직원들은 사과하지 않은 채 발뺌을 하거나 규정만을 앞세우거나 고객을 무시하는 실수를 저지르게 된다. 위의 두 사례처럼 말이다. 하지만 이런 경우 고객의 화를 더욱 부추기게 된다. 고객도 발뺌하는 것인지 규정만을 앞세우는 것인지, 무시하는 것인지 다 알 수 있다. 그렇기 때문에 일단은 진심으로 공감하며 사과를 해야 한다. 그리고 가장 중요한 신속함을 기억해야 한다. 신속하게 사과를 먼저 해야 한다는 것이다.

또한 여기서 중요한 점이 있다. 사과하는 직원의 태도이다. 어쩔 수 없이 사과해야 하기 때문에 사과하는 것이 아니라 진심으로 죄송하다는 느낌이 전달될 수 있는 사과를 해야 한다. 진심의 사과가 이루어졌을 때 고객도 그 사과를 받아들일 수 있는 것이다.

또한 화가 난 고객은 이미 마음의 평정을 잃은 상황이기 때문에 마음을 진정시켜 줄 필요가 있다. 고객에게 공감함으로써 감정을 얼마나 다스려주느냐는 고객이 컴플레인을 제기한 후 그 직원 및 회사에게 어떤 액션을 취할 것인가를 결정하게 만든다. 그렇기 때문에 공감은 중요한 부분이다. 진심의 공감을 통해 대안을 제시함으로써 고객이 원하는 것이 무엇인지를 파악하며 이에 관한 부분이 가능한지를 알아보고 조치를 취해야 한다. 마지막으로 가능하면 고객과 긍정적으로 마무리할 수 있어야 한다.

앞에서 언급했듯이 불만고객응대 시 직원이 어떻게 응대하느냐에 따라 고객의 불만은 만족으로 변화될 수 있다. 이때 직원의 응대방법 중 몇 가지를 살펴보면 다음과 같다.

고객의 기분을 알아주었을 때, 잘못을 인정하고 사과했을 때, 그리고 문제해결이 신속하게 이루어졌을 때 마지막으로 이야기를 잘 들어주었으며 성의표현이 있었을 때다. 가장 중요한 것은 무엇일까? 바로 불만을 가진 고객의 기분을 알아주었을 때이다. 자신의 기분을 알아주면 불만을 가졌더라도 자신의 인정욕구를 충족시켜 주게 되므로 불만이 만족으로 변화될 수 있는 것이다. 고객이 일부러 불만을 제기하지 않는 이상 감정이 상한 고객들에게는 그 감정에 대한 공감의 표현이 필요한 것이다. 그러한 감정에 대한 공감만으로 불만을 조금이나마 해소시킬 수 있다. 신속한 사과와 함께 고객의 감정을 공감으로 다스려주어야 한다는 것을 잊지 말자.

# 05.

## 고객경험,
## 디자인하라!

# ❗️ 서비스의 트렌드, 고객경험마케팅

　분당 율동공원 근처의 한 캐주얼 레스토랑에 가끔씩 다녀오면 힐링이 된다. 그곳에 가면 맛있는 음식은 물론이거니와 최고의 품질로 느껴지는 커피와 함께 한껏 여유를 즐기며 행복을 느끼게 된다. 이러한 이유에는 몇 가지 요소가 작용한다. 공간적인 부분에서는 좌우 맞은편 벽면이 유리로 된 문으로 문을 열면 외부와 연결되면서 푸른 나무와 강 그리고 자연의 경치 등을 느낄 수 있도록 연결된다. 카페 안에 있지만 자연 속에 있는 듯한 착각을 불러일으킨다.

　이는 도심에서 느낄 수 없는 자연을 더욱 가깝게 느끼게 함으로써 자연의 치유를 경험하게 한다. 또한 레스토랑 바로 옆에는 저수지가 있어 한 바퀴 산책을 하고 나면 자연스럽게 힐링이 된다. 그리고 매주 목요일에는 라이브 음악콘서트가 이루어져 특히 음악을 좋아하는 나로서는 자연과 함께 음악을 즐길 수 있어 휴식과 함께 에너지를 더욱 솟아나게 하는 곳이다.

우리는 한 기업을 방문하거나 이용하면 해당기업에 대한 이미지를 갖게 된다. 그 이미지를 브랜드 이미지라 부르며 이는 그 기업을 방문 또는 이용하면서 느꼈던 서비스에 의해 형성된다. 그리고 그곳에서 경험한 서비스가 특별하고 차별화된 경험과 함께 어우러져 접하게 되면 그 브랜드에 대한 이미지는 우리의 뇌리 속에 강하게 자리 잡게 된다. 그런 의미에서 나에게 그 레스토랑은 삶의 힐링과 회복을 주는 곳이라 할 수 있다.

바로 이러한 원리를 기업에서는 마케팅으로 활용하고 있으며 이를 경험마케팅이라 한다. 예를 들어 고객이 병원을 방문하였는데 다른 곳에서 느끼지 못했던 특별한 경험, 즉 공간적 환경에서 느끼는 편안함, 직원들과의 관계 속에서 느끼는 친절함, 또는 진료 프로세스의 편리함 등이 해당될 것이다. 이러한 경험은 체험을 통해 기억에 남게 되며 주변인들에게 알리는 마케팅의 효과가 생기게 되는 것이다. 커피숍의 경우, 고객이 커피숍에서 느꼈던 기분 좋은 음악과 향 좋은 커피, 그리고 특별한 분위기 등이 체험의 요소로 고객을 자극하게 되면서 오랫동안 기억에 남게 된다.

지인이 외국 여행 중 모 호텔에서 묵게 되었는데 침대 옆에 여러 소재의 베개를 준비해 이 중 하나를 선택해서 사용하게 되어 있었다고 한다. 그리고 그러한 경험을 통해 그 기업의 고객에 대한 작은 배려를 느끼면서 강한 인상을 받게 되었으며 외국 여행 후 많은 지인에게 소개해줬다고 한다. 이러한 경험에 대한 기억은 긍정적인 기업의 이미지를 형성하게 만들면서 마케팅에 긍정적인 역할을 하게 되는 것이다.

## 고객경험마케팅

많은 미래 학자들은 경험마케팅에 대하여 언급하고 있다. 경험마케팅에 대하여 Pine & Gilmore, Schmitt는 "소비자에게 제품이나 서비스를 직접 이용해볼 수 있는 경험의 기회를 제공할 뿐만 아니라 서비스가 제공되는 공간을 인상적으로 장식하여 소비자가 제품이나 서비스를 이용하는 동안 소비자 마음에 오랫동안 각인될 수 있는 경험을 제공하는 마케팅"이라 설명하고 있다. 경험마케팅은 소비자들의 직접적인 체험을 통하여 제품이나 서비스를 홍보하게 된다. 고객이 기업의 상품이나 서비스를 체험하면 고객의 기억 속에 특별한 어떠한 기억으로 남게 된다. 그리고 이를 주변 사람들에게 알리게 되는 효과가 있는 것이다.

이러한 체험은 전략적 체험모듈과 체험제공수단의 두 가지로 나뉘어 고객에게 전달된다. Schmitt에 의하면 전략적 체험모듈은 감각, 감성, 인지, 행동, 관계 등의 5가지 요소로 구성되며 체험제공수단은 커뮤니케이션, 아이덴티티, 공동브랜드, 웹사이트, 제품의 외형, 공간적 환경, 인적 요소 등으로 구성된다고 발표하였다. 하지만 서비스 특성을 감안하여 이지연 · 구자원(2015)은 서비스 산업의 체험제공수단을 커뮤니케이션, 서비스 시스템, 공간적 환경, 인적 요소 등의 4가지로 재정의하였다.

즉 고객은 체험제공수단 4가지를 통하여 5가지의 체험모듈을 경험하게 된다. 바로 커뮤니케이션, 서비스 시스템, 공간적 환경, 인적 요소에 감각, 감성, 인지, 행동, 관계 요소가 통합적으로 전달됨으로써 고객은 총체적인 경험을 하게 된다. 고객은 각 접점에서 이러한 총체적인 경험을 통해 그 기업의 서비스를 경험하게 되며 특별한 느낌과 경험을 통해 만족도를 판단하게 된다.

전략적 체험모듈인 감각, 감성, 인지, 행동, 관계에 대하여 간략하게 설명하면 다음과 같다.

감각경험은 시각, 청각, 후각, 미각, 촉각의 오감을 통한 체험으로 이는 공간적·물리적 환경을 통해 더욱 많이 느끼게 된다. 즉 시설, 청결도, 소음, 인테리어, 향기 및 냄새 등을 예로 들 수 있다. 감성체험은 고객이 해당기업의 서비스를 접할 때 특별한 느낌을 갖게 하는 부분으로 감성적인 요소에 의해 형성되며 편안함, 행복함, 즐거움, 자부심 등의 감정을 유발하게 된다. 인지체험은 지성을 자극하여 소비자로 하여금 인지력과 문제해결의 체험을 주게 된다. 이를 통해 소비자는 브랜드에 대한 긍정적인 인식을 갖게 된다. 행동체험은 고객에게 행동과 라이프스타일 변화를 일으키는 체험을 갖게 한다. 이를 통해 고객은 자신의 삶 속에 긍정적인 영향을 받게 된다. 마지막으로 관계체험은 다른 4가지 요소를 모두 포함하게 되며 자신과 타인, 문화 등과 연결시키게 됨으로써 고객의 자기향상 욕구를 자극하게 된다. 미국 신발 브랜드 '탐스'의 경우 착한 소비로 고객이 신발을 구매할 때마다 기부가 이루어지게 된다. 이는 고객으로 하여금 소비를 통해 특별한 의미와 가치를 느끼게 함으로써 긍정적인 체험으로 작용하게 된다.

전술적 도구 4가지는 다음과 같다.

커뮤니케이션은 기업의 소통을 위한 도구로 기업의 정체성과 함께 이를 표현하는 내부 커뮤니케이션과 외부 커뮤니케이션으로 구성된다. 서비스시스템은 상품의 전달에 대한 효율성 및 편리성을 위한 서비스 프로세스 및 시스템, 그리고 외형적 디자인에 해당된다. 공간적 환경은 고객이 머무는 공간으로 고객이 접하는 모든 부분이 이에 해당되며 편의시설까지 포함된다. 마지막으로 인적 요소에는 상품을 전달하는 내부 구성원이 이에 해당되며 이들이 전하는 인적 서비스가 해당된다. 이러한 고객의 체험은 총체적으로 고객에게 전달됨으로써 고객에게 특별한 경험을 제공하게 된다. 즉 5가지의 체험모듈은 체험제공 수단을 통하여 각각의 접점(MOT)에서 고객에게 잊혀지지 않는 긍정적 경험을 제공하게 됨으로써 그 브랜드에 대한 긍정적인 이미지를 형성하게 하며 이는 기업의 성과에 긍정적인 영향을 미치게 된다.

체험마케팅은 기존 마케팅의 대안으로 서비스 현장에서 실제로 많이 활용되고 있다. 2000년 중반부터 많은 기업에서는 고객의 경험에 대한 관리의 중요성을 깨닫고 고객경험관리(Customer Experience Management)에 대한 기업의 노력이 시작되었다. 또한 고객경험의 질이 고객만족에 영향을 미치고 있음이 증명되었으며 고객경험을 통한 고객만족경영이 기업의 성과에 영향을 미치게 됨을 인식하게 되면서 고객경험마케팅을 통한 고객만족경영에 대한 관심이 증폭되고 있다.

실제로 이러한 경험마케팅은 관광, 외식, 병원 등의 산업에서 잘 활용되고 있다. 하지만 현재 의료계에서는 도입단계로서 고객경험을 통하여 혁신을 시도하고 있는 단계라 할 수 있다. 이에 2009년 이후 명지병원은 고객경험을 토대로 고객만족경영이 실시되었으며 이후 적자에서 흑자경영을 이루는 등 괄목할 만한 성장을 이루고 있다.

# 서비스를 디자인하라

 

시대의 흐름에 따라 고객은 변하게 되며 이에 따라 서비스의 트렌드도 변하게 된다. 요즘 서비스 트렌드에서 빼놓을 수 없는 단어가 있다면 무엇일까? '고객경험마케팅' '서비스 디자인'을 들 수 있을 것이다. 고객경험마케팅은 앞에서 언급했던 것처럼 고객의 경험을 마케팅으로 이용한 것으로 실제로 많은 산업체 현장에서 접목하여 사용되고 있다. 그렇다면 서비스 디자인은 무엇일까?

현재 서비스 디자인에 대해서는 여러 학자들이 다양하게 정의 내리고 있다. 그중 몇 가지의 정의를 살펴보면 다음과 같다.

영국의 라이브워크(Live Work)사는 "고객이 다양하게 경험할 수 있도록, 시간 흐름에 따라 사람들이 다르게 터치 포인트를 디자인하는 것"이라 정의하였으며, 엔진그룹(Engine Group)사는 서비스 디자인을 "환경디자인, 커뮤니케이션 디자인, 제품디자인 등 디자인의 여러 분야를 포괄하여 서비스를 개발하여 제공하도록 돕는 분야로서 고객이 서비스를 더욱 쉽고, 만족스러우며 효율적으로 누릴 수 있도록 각 요소를 개발하는 것"이라 정의하고 있다.

즉 서비스 디자인은 고객경험적 요소를 반영하여 고객에게 총체적인 서비스를 전달하는 것을 목적으로 고객의 경험을 디자인하는 것이라 할 수 있다. 이는 고객관점의 각각의 접점에서 서비스 품질, 인적 서비스, 시스템, 커뮤니케이션, 프로세스 등의 유무형 매체의 조합을 통해 이루어진다. 그리고 외형적인 디자인뿐만 아니라 무형적 요소인 서비스 시스템 및 프로세스, 커뮤니케이션 등이 디자인되어 고객에게 편리성과 차별화된 경험을 제공하게 된다.

이처럼 산업 전반에서 서비스 디자인의 중요성이 확대되는 가운데 명지병원의 IT융합연구소 정시훈 소장은 한국디자인진흥원에서 발간한 『Healthcare Design First Aid Kit』(2013)의 기고문에서 서비스 디자인에 대하여 다음과 같이 설명했다.

"국내외의 다양한 성과에 고무된 여러 병원들이 앞으로 디자인의 중요성에 대해 더욱 많은 관심을 가지고 있어 그 성장 가능성은 높다고 하겠다. 이와 같이 의료서비스 제공자가 디자인을 이용한 의료서비스 혁신을 일으키고, 병원에서 디자이너를 직접 고용하거나 외부협력을 통한 디자인 프로젝트를 진행하는 사례가 점점 늘고 있는데, 병원경영의 체계화를 위해 경영기법을 도입하거나 경영컨설팅이 자리 잡기 시작했던 과거의 병원경영 발전사례를 고려할 때 수년 내에 수요자 중심의 의료서비스 혁신을 위한 디자인의 역할은 병원의 '디자인 경영'과 연결되면서 더욱 중요한 자리를 차지하게 될 것으로 예상된다."

이처럼 서비스 디자인은 병원업계에서 중요한 자리를 차지하고 있으며 명지병원에서는 서비스 디자인을 통해 의료서비스의 혁신을 일으키며 병원경영에 효과적으로 사용하고 있다. 또한 이는 고객에게 새로운 경험과 함께 만족감을 향상시키면서 의료서비스의 질을 높이고 있다.

서비스 디자인은 고객관점의 프로세스상에서 가장 적합한 접점, 즉 터치 포인트를 찾아내는 것을 중요하게 생각한다. 그 터치 포인트를 통하여 고객에게 경험을 전달하게 되며 기업이 고객에게 전달하고자 하는 경험을 전략적으로 인식하게 한다. 또한 가장 효과적인 터치 포인트를 발굴하는 작업과 함께 개선되어야 할 터치 포인트를 찾아 고객 경험을 위한 조정에 들어간다. 이러한 각각의 터치 포인트의 관리는 고객의 총체적인 경험에 영향을 미치게 된다.

## 서비스 디자인

고객의 총체적인 경험을 위한 서비스를 디자인하기 위해서는 몇 가지 도구를 이용하여 사전조사를 실시하게 되며 이를 통하여 서비스는 디자인된다. 그중 몇 가지 도구를 소개하고자 한다.

① 고객여정 지도

고객이 해당기업의 서비스와 접촉하며 상호작용하는 터치 포인트를 바탕으로 고객이 느끼는 감정을 설명

– 고객의 타깃을 규정하여 각 타깃에 따라 고객여정을 지도로 나타낼 수 있다. 이는 각 고객에 따라 여정과 경험이 달라질 수 있다는 것이다.

– 고객과 상호작용하는 터치 포인트를 시간의 흐름에 따라 모두 작성하여 문제점을 분석한다.

② 맥락적 인터뷰

고객과 접촉하는 서비스 과정 중 특정한 상황이나 맥락에서 이루어진다. 고객과 직원 및 다른 이해관계자를 대상으로 이루어진다.

③ 기대치 지도

고객이 경험할 서비스에 대한 기대치를 지도로 나타내는 것이다. 이로써 중요한 서비스 포인트 및 고객이 불편해할 수 있는 곳을 찾아내게 된다.

④ 서비스 청사진

블루프린트는 매장을 방문한 고객이 나갈 때까지 서비스 제공의 전체과정을 가시화하여 보여주게 된다. 이는 전체적인 맥락을 이해하고 서비스 제공의 전체과정을 정확히 판단하게 하며 새로운 서비스를 개

발하게 한다. 서비스 청사진은 종합적인 관점에서 서비스 제공의 프로세스를 관찰하게 됨으로써 인력과 자원의 배치를 효율적으로 운영할 수 있도록 도와주게 되며 서비스 제공 프로세스상의 문제점을 분석하고 효율성을 위한 개선사항을 도출할 수 있다.

# ❗ 고객경험관리 실행 프로세스 5단계

고객만족경영(Customer Satisfaction Management)에서 차별화된 경험은 중요하다. 이러한 차별화된 경험은 고객경험관리(Customer Experience Management)를 통해 전달된다. 이는 제품이나 서비스에 대한 고객의 경험을 체계적으로 관리하는 프로세스로 고객의 니즈를 적극적으로 반영하게 된다. 또한 접점에서의 고객경험이 프로세스 및 시스템으로 디자인되었을 때 고객에게 더욱더 향상된 총체적 경험을 제공하게 된다.

고객경험관리를 위한 서비스 디자인을 위해서는 사전조사, 방향설정, 차별화, 실행, 평가 및 피드백을 통해 실행할 수 있다.

첫 번째 사전조사단계에서는 내·외부의 환경조사를 위하여 모니터링, 인터뷰, 설문지를 통하여 조사한다. 이는 현재의 상태를 진단하기 위하여 정성적 또는 정량적으로 정확한 고객의 니즈를 파악하여 문제점을 인식할 수 있다. 또한 타 기업의 벤치마킹을 통하여 환경적인 요소의 강·약점을 분석할 수 있다. 그 밖의 고객여정 지도 및 터치 포인트 맵을 통하여 고객의 경험에 대한 터치 포인트를 분석하고 그에 따른 고객들의 감정을 이해하며 문제점을 분석할 수 있다.

두 번째 방향설정단계에서는 고객경험 향상을 위한 서비스 비전 및 전략을 수립하게 된다. 우리 기업에 맞는 서비스의 방향콘셉트를 정하며 이에 따른 방향을 설정한다. 그리고 사전조사의 결과를 토대로 문제점 및 이슈사항을 도출하여 개선안을 위한 방향을 설정하게 된다. 그리고 방향에 맞는 개선안 및 실행방안을 마련한다.

세 번째는 차별화단계이다. 차별화는 각 접점에서 고객경험의 요소를 반영한 우리 기업만의 차별화된 요소를 개발하여 적용시킬 수 있는 방안을 마련한다. 이를 통해 각각의 터치 포인트에서 고객의 경험이 향상될 수 있도록 한다. 또한 프로세스에 대한 문제점 분석을 통해 고객관점의 간편한 프로세스를 정립한다.

네 번째는 실행단계이다. 개선사항을 실행하기 위한 단계로 실행조직을 구축하게 되며 이를 위한 인력을 구축하게 된다. 또한 모든 직원이 이에 대한 방향성과 중요성을 함께 인지할 수 있도록 교육체계를 수립함으로써 교육이 실시되며 타 부서의 도움을 이끌어내고 동참할 수 있는 분위기를 조성하도록 한다.

마지막으로 평가 및 피드백의 단계로 각 접점에서 고객경험이 제대로 전달되는지에 대한 만족도에 대하여 평가지표를 설정하여 이를 점검하도록 한다. 그리고 계획한 실행안이 잘 이루어질 수 있도록 관리 및 지도하는 게 중요하다. 이를 위해 현장지도 등이 잘 이루어질 수 있도록 이를 시스템화하는 등의 구체적인 방안이 필요하다고 할 수 있다.

# ❗ 명지병원의 고객경험 디자인<sup>*</sup>

기존의 병원에서 이루어졌던 똑같은 과정의 진단과 치료는 더 이상 환자들에게 어필할 수 없는 시대가 되었다. 이제는 환자들이 병원에서 경험한 것을 토대로 더 좋은 경험을 위해 환자의 니즈에 따라 변화하는 병원만이 살아남을 수 있을 것이다. 이러한 시대의 흐름을 따르고 있는 병원 중 하나가 바로 명지병원이라 할 수 있을 것이다.

다음은 헬스코리아 뉴스에서 실시한 명지병원 김세철 병원장의 인터뷰 내용이다. 변화하고 있는 명지병원을 잘 보여주고 있다.

무료 암검진을 받으러 온 안영애 씨(54, 고양시 식사동)는 "보험공단 검진 통지서를 받고 왔다가 잘못 찾아온 줄 알고 되돌아 나갈

---

* 이 책의 pp. 245-277에 실린 내용은 「이지연 · 구자원(2015), "명지병원의 고객만족경영 사례연구", 『KBR』, 제19권 제 1호, 한국경영학회, 2015.02, pp. 85-120」의 내용을 수정 및 보완한 것이다.

뻔했다. 숲속에서 건강검진을 받다 보니 절로 건강해지는 느낌이 든다"고 소감을 전했다. 이에 명지병원 김세철 병원장은 "환자의 절반 이상을 차지하는 지역주민들이 찾아오는 건강보험공단검진센터를 우리 병원의 대표적인 명소로 꾸며, 환자들에게 전혀 새로운 경험을 제공하겠다는 생각에서 혁신적인 투자를 하게 된 것"이라며 "환자의 경험이 미래를 향한 최고의 마케팅이란 점에서 건강을 위해 찾는 병원에 몸도 마음도 건강해질 수 있는 녹색 친환경 공간을 조성하는 일은 어쩌면 당연한 것"이라고 말했다(헬스코리아뉴스-대한민국 의학 전문지, 2012.08.01).

명지병원은 고객이란 단어를 쓰지 않는다. 또한 병원이나 기업체에서 흔히 이루어지고 있는 고객의 만족도를 파악하는 고객만족도조사를 하지 않는다. 단지 환자경험조사라는 이름으로 환자의 경험에 관련한 조사를 6개월마다 한 번씩 실시하고 있다. 환자경험조사를 통하여 명지병원은 고객이 느끼는 경험에 대하여 분석하고 개선하여 서비스디자인을 접목한 혁신적인 경험을 창출하고 있다. 혁신적 경험 창출을 통하여 고객만족경영을 실행하고 있는 것이다.

현재 의료시장은 공급자 중심에서 소비자 중심으로 변화되면서 환자들도 의료서비스를 평가하고 치료과정에 참여하면서 질 높은 의료서비스를 요구하고 있는 추세이다(염영희 외, 2010; 양종현·장동민, 2012). 의료서비스가 소비자 중심으로 변화됨에 따라 병원은 더 이상 규모만으로 고객의 마음을 사로잡을 수 없게 되었으며 고객의 니즈를 반영하지 못한 의료기관은 더 이상 생존하기 어렵게 되었다. 이에 의료기관의 고객만족경영은 더 이상 선택이 아닌 절대적인 생존전략이 된 것이다.

이러한 이유로 고객만족경영과 함께 최근 의료기관에서는 서비스를 디자인화하여 이를 토대로 고객이 경험하면서 느꼈던 불편상황에 대한 터치 포인트를 찾아 개선하는 의료서비스의 프로세스 혁신이 시도되고 있다. 이러한 서비스 디자인은 고객의 경험을 향상시키기 위하여 접점에서 총체적인 서비스를 고객에게 전달하는 것을 목적으로 차별화된 경험을 창출하게 된다. 즉 접점에서의 서비스 디자인을 반영한 고객경험관리(CEM)는 더욱 향상된 긍정적인 체험을 창출하게 된다는 것이다.

현재, 국내에서도 점차적으로 환자경험에 대한 관심을 가지며 관련 부서가 생겨나기 시작했으며 환자경험을 위한 변화와 혁신의 모습을 종종 찾아볼 수 있다. 명지병원 외에도 연대 세브란스병원의 창의센터를 비롯하여 강북삼성병원의 서비스 디자인 도입, 삼성서울병원의 해피이노베이션 스마트 응급실, 분당 서울대병원의 IT기반 이노베이션 등과 같은 대형병원의 변화와 함께 일반병원에서도 환자경험에 대한 관심을 가지며 변화하고자 노력하고 있다. 이는 명지병원이 국내 최초로 의료계에 환자경험을 도입하면서 점차적으로 확산되고 있으며, 최근 명지병원은 HiPex 2014 콘퍼런스 개최를 통하여 환자경험을 통한 병원혁신의 바람을 불러일으키고 있다.

또한 2009년 이후 경영성과에서도 긍정적인 변화를 보이고 있어

'환자제일주의'를 내세우며 서비스 디자인을 접목한 환자경험 중심의 고객만족경영을 성공적으로 이끌고 있음을 알 수 있다. 이에 명지병원이 환자경험을 위한 변화와 혁신의 선두주자로서 서비스 디자인을 접목한 고객경험관리 활동의 구체적 사례를 살펴봄으로써 고객경험을 토대로 한 고객만족경영에 도움이 되기 바란다.

## 명지병원의 체험제공수단 4가지

명지병원의 고객만족경영을 커뮤니케이션, 서비스 시스템, 공간적 환경, 인적 요소 등으로 나누어 살펴보고자 한다. 이는 Schmitt(1999)가 제시한 고객경험 중심의 체험제공수단인 커뮤니케이션 수단, 아이덴티티 요소, 제품의 외형, 공동브랜드, 공간적 환경, 웹사이트 그리고 인적 요소 등의 7가지 수단이 서비스 산업에 더욱 적합할 수 있도록 수정 및 보완하여 뒷면의 표처럼 4가지로 구분하여 각각을 정의하였으며 이를 통하여 분석하였다.

Schmitt의 7가지 체험제공수단 중 커뮤니케이션, 아이덴티티, 공동브랜드, 웹사이트는 내·외부 커뮤니케이션 채널의 역할로 기업의 비전과 미션을 표현한다는 공통점을 가지고 있다. 이에 이 4가지의 체험제공수단을 묶어 커뮤니케이션이라 명명하였다. 또한 체험제공수단 중 제품의 외형을 병원 의료서비스 산업의 특성에 맞도록 서비스 시스템으로 수정하였다.

〈 의료 서비스산업의 체험제공수단 및 구성요소 〉

| Schmitt의 체험제공수단 | 의료 서비스산업의 체험제공수단 | 구성요소 |
|---|---|---|
| 커뮤니케이션 수단 | 커뮤니케이션 | · 기업의 비전 및 미션<br>· 내부 커뮤니케이션 조직 및 활동<br>· 외부 커뮤니케이션 |
| 아이덴티티 요소 | | |
| 공동브랜드 | | |
| 웹사이트 | | |
| 제품의 외형 | 서비스 시스템 | · 서비스 프로세스 및 시스템<br>· 외형적 디자인 |
| 공간적 환경 | 공간적 환경 | · 환자의 치료공간<br>· 환자의 편의시설 |
| 인적 요소 | 인적 요소 | · 내부구성원(CEO 및 직원)<br>· 인적 서비스 |

출처 : 저자 작성

커뮤니케이션, 서비스 시스템, 공간적 환경, 인적 요소 등으로 분류한 명지병원의 고객만족경영활동은 다음의 표처럼 4가지로 구분하여 나타냈다.

〈 명지병원의 체험제공수단 분류 〉

| | 구분 | 내용 |
|---|---|---|
| 의료산업의<br>전술적 도구 | 커뮤니케이션 | * 기업의 정체성을 표현하는 내·외부 커뮤니케이션<br>기업미션, 협력병원, 암행어사제, 환자공감센터, 환자안전<br>주간제 행사, 미션데이 비전워크, 예술치유 페스티벌, 로비<br>음악회, 독서경영, 홈페이지 및 블로그 운영 등 |
| | 서비스<br>시스템 | * 환자의 효과적 진료를 위한 서비스 프로세스 및 시스템<br>암통합치유센터, 스마트 헬스케어 시스템, 통합치유서비스,<br>뇌혈관 하이브리드센터, 정형외과 외래 진료실, 건강보험<br>검진 결과지 등 |
| | 공간적 환경 | * 환자를 위한 치료공간 및 편의시설<br>숲마루, 해마루, 소아응급센터 등 |
| | 인적 요소 | * 내부 구성원 및 인적 서비스<br>장미특공대, 버터플라이 프로젝트, CEO 리더십 등 |

출처 : 저자 작성

# ❗ 커뮤니케이션,
## 긍정관계를 형성한다

커뮤니케이션은 기업의 정체성과 함께 이를 표현하는 내·외부 커뮤니케이션으로 정의할 수 있으며, 현재 명지병원의 커뮤니케이션은 병원의 미션 아래 내·외부 커뮤니케이션 조직을 두어 활발하게 활동하고 있다.

명지병원의 내부 커뮤니케이션 조직을 살펴보면 환자공감센터, 암행어사제, 독서경영 등이 운영되고 있으며 외부 커뮤니케이션 활동으로는 환자안전 주간제 행사, 미션데이 비전워크, 예술치유 페스티벌, 로비음악회 등의 활동이 이루어지고 있다. 또한 이를 통해 커뮤니케이션 활동이 이루어지고 있다. 이 밖에 공식 블로그와 카페 및 협력병원을 운영하고 있다. 이러한 다양한 채널과 활동을 통해 명지병원의 커뮤니케이션은 '환자 제일주의' 미션을 효율적으로 실현하고 있다.

명지병원의 서비스아이덴티티인 '환자 제일주의'와 설립이념인 '세상 모든 근심을 우리가 다 감당할 순 없지만, 병들어 서러운 마음만은 없게 하리라'는 미션을 환자 중심의 시스템과 프로세스 및 조직문화 등을 통해 계속적으로 개선하면서 여러 활동 등을 통해 전달하고 있다.

명지병원의 환자공감센터는 내부 커뮤니케이션 채널로 미션실현을 위해 조직되었다. 이곳에서는 환자가 병원에서 어떤 일을 겪었는지를 조사하기 위해 입·퇴원, 외래, 응급실 환자 200~300명을 대상으로 진료, 간호 등의 의료서비스는 물론 야간 소음 등의 시설 환경, 행정 등에 대한 설문 및 인터뷰를 실시하여 환자의 경험과 생각을 파악한다. 결국, 환자 중심의 혁신적인 서비스는 환자를 기다리지 않고 환자들을 직접 찾아 그들의 경험을 들으며 이를 통해 수집된 정보들을 가지고 토론과 연구과정을 거쳐 개발하게 된다.

이러한 과정을 거쳐 퇴원환자용 쇼핑카트 비치, 병원위치 안내용 지도 제작, 병원 전체 와이파이존 설치, 병원 안내표시 대형화, 의료진에게 불만 시 즉각 건의할 수 있는 진동벨 설치, 회진예고방안, 알코올 응급환자 패스웨이, 의료진이 환자에게 '미안하다'고 말하기 운동 등 새로운 시스템과 프로그램이 만들어졌다. 공감의 대상이 되는 환자의 경험은 의료서비스 부분은 물론이고 행정적 서비스와 시설, 의사소통, 진료비 등 병원 전 부문으로 모두가 서비스 개선의 대상이 된다. 환자공감센터를 통해 명지병원의 미션이 여러 시스템으로 실현되고 있는 것이다. 또한 이를 통해 병원과 환자가 함께 만들어 상생하는 공유가치 창출(creative shared value)이 이루어지고 있다.

내부 커뮤니케이션 조직 중 감염예방 및 환자안전 활동을 강화하기 위해 조직된 암행어사제는 'Clean & Safe 추진운동본부'를 발족하여 감염예방과 함께 병원 내의 문제점을 개선하는 활동을 하고 있으며, 전 직원이 모두 참여할 수 있도록 운영하고 있다. 이는 내부 커뮤니케이션 활동으로 'Clean & Safe운동'의 실천효과를 극대화하며 환자의 감염 및 안전을 위한 활동으로 환자를 우선시하는 '환자제일주의'의 미션을 잘 표현하고 있다.

직원과의 단합과 화합을 위한 노력으로는 독서경영을 실시하고 있다. 명지병원은 한 학기당 한 권의 책을 선택하여 전 팀이 읽도록 하며 책 내용을 바탕으로 퀴즈대회를 열게 된다. 수상자에게는 해외관광 상품 권이 주어진다. 독서경영은 단합과 화합의 조직문화를 구축하고 직원들과의 소통이 이루어지는 결과를 낳고 있다. 이 또한 '환자제일주의' 미션 실천을 위한 기업 혁신의 근간이 되고 있다.

명지병원은 환자제일주의 미션 실천을 위해 여러 활동을 실시하고 있다. 그중 환자안전주간행사는 '최소의 병원감염, 최대의 환자안전'이라는 슬로건을 모토로 매년 4월 첫 주에 진행되고 있다. 또한 '패러디 포스터 전시회' '도전! 골든벨' '함께해요 환자확인 캠페인' '우리부서 실천 자랑대회' '손 씻기 체험행사' 등의 다양한 프로그램들이 개최되고 있다. 특히 '손 씻기 체험행사'는 내원객들도 동참하는 행사로 진행되고 있다. '도전! 골든벨'은 환자안전과 감염관리에 관한 문제를 푸는 방식으로 우승자에게는 푸짐한 상품이 주어지게 된다. 이는 인기 있는 프로그램으로 재미와 함께 '최소의 병원감염, 최대의 환자안전'

을 위한 실천에도 직접적인 영향을 주고 있다.

또한 직원과 환자의 소통과 공감을 중요하게 생각하여 이를 위한 축제가 정기적으로 실시되고 있다. 2013년도에는 '소통과 공감의 한마당 축제'라는 이름으로 환자공감 및 직원공감 이벤트를 실시하였다. 환우 및 보호자를 대상으로 한 프로그램에는 건강상식 퀴즈, 염미도 측정, 손 오염도 측정, 우울 및 스트레스 지수 측정 및 상담 등의 행사가 이루어졌다. 직원을 위한 공감 프로그램으로는 프리허그와 기념 조회, UCC 및 상황극 경연대회, 미션도미노, 전 직원 호프데이 등으로 함께 공감할 수 있는 프로그램이 진행되었다. 이 중 프리허그 캠페인은 임원진이 출근하는 직원들을 한 명씩 안아주면서 진심어린 격려의 인사를 하는 형식으로 진행되며 변화와 혁신의 과정 속에서도 잘 인내하고 적극 동참해준 직원들에게 감사의 마음을 전하고자 진행하고 있다고 한다.

예술치유 페스티벌에서도 참여를 통한 소통과 치유의 역할이 이루어지고 있다. 페스티벌에는 전문 예술인들과 명지병원의 의료진, 환우들이 함께 참여하였으며 미술전시회 및 시화전, 콘서트, 찾아가는 병동 음악회 등이 진행되었다. 그동안 예술치유를 통해 만들어낸 미술작품과 시, 노랫말 작품 등 200여 점이 소개되며, 전시된 악기들의 즉석연주와 즉흥 그룹연주를 하는 등 예술 체험활동들을 펼치게 된다. 예술치유 페스티벌 공연이 펼쳐지는 동안 환우들의 입원실을 음악치료사들이 직접 찾아가는 병동 음악회 'Bedside Concert'가 힐링 콘서트로 펼쳐지기도 하여 환우들에게 더욱 다가가기 위한 명지병원의 노력을 엿볼 수 있다.

예술치유 페스티벌은 관심 있는 사람이면 환자나 보호자는 물론 지역주민 누구나가 사전 접수 없이 참여할 수 있다. 페스티벌은 병원과 지역 간의 소통과 치유의 커뮤니티 역할을 하고 있다. 힐링콘서트 외에도 명지병원에서는 점심시간을 이용하여 '로비음악회'가 이루어지고 있다. 로비음악회는 주 5일 자원봉사자들에 의해 이루어지고 있으며 환자는 물론 보호자와 지역주민 모두가 참여할 수 있도록 하고 있다. 또한 고양시에 위치한 명지병원은 고양시 자원봉사센터와 업무협약을 맺어 자원봉사자들의 건강을 책임지고 있으며 지역사회와 더욱 가까워지기 위한 명지병원의 다양한 노력을 엿볼 수 있다.

또한 명지병원은 올해 초 관동의대와 15년간의 협력관계가 끝나고 서울대학교병원과 '상호 지원 및 협력을 위한 협약(MOU)'을 맺는 등 현재 170여 개의 병·의원과 협력병원 협약을 맺고 있다. 해외에서는 러시아 블라디보스토크에 국제검진센터를 설립하여 병원 수출을 위한 작업도 진행 중이며 싱가포르의 레폴지병원, 일본의 가메다병원, 성누가병원 등과도 협력관계에 있다. 또한 경기 서북부권역의 노인의료복지 네트워크를 통해 30여 개의 노인요양원과도 협력네트워크를 구축하고 있다. 이렇듯 명지병원은 다양한 조직과 활동을 통하여 환자제일주의의 미션 실천과 함께 직원과 환자 간의 소통과 공감을 직접 실천하고 있다. 또한 이를 통하여 지역사회와의 화합과 커뮤니티의 역할까지 하고 있다.

즉 명지병원에서는 여러 조직 및 활동들을 통해 활발한 내·외부 커뮤니케이션이 이루어지고 있음을 확인할 수 있었다. 또한 이러한 활동은 병원의 조직문화를 바꾸는 중요한 커뮤니케이션의 역할을 하며 조직문화를 만들어가고 있다. 특히 이러한 명지병원의 모든 활동은 상부의 지시에 따른 활동이 아닌 팀원들의 아이디어를 통해 결정함으로써 모든 이들의 참여율을 높이고 있으며 이러한 방법을 통해 지원하고 독려하는 방식으로 이루어져 그 효과를 높이고 있다.

이러한 명지병원 내·외부의 커뮤니케이션 활동들은 환자와 보호자들로 하여금 시각 및 청각을 통한 감각적 경험과 소통 및 공감을 통한 감성적 경험, 그리고 명지병원의 미션에 대한 인지적 경험, 참여를 통한 행동적 경험 및 관계의 색다른 경험을 할 수 있게 한다. 이를 통해 고객은 명지병원의 '환자제일주의' 미션을 전달받게 됨으로써 명지병원에 대한 긍정적 마인드를 형성하게 된다.

〈 커뮤니케이션 체험제공수단 〉

| 구분 | 내용 | 비고 |
|------|------|------|
| 내부 커뮤니케이션 | 환자공감센터<br>암행어사제<br>독서경영 | '환자제일주의'<br>미션 실현 |
| 외부 커뮤니케이션 | 홈페이지 및 공식 블로그 운영 | |
| 커뮤니케이션 활동 | 환자안전주간<br>미션데이 비전워크<br>예술치유 페스티벌 | |
| 기타 | 협력병원 운영 | |

출처 : 저자 작성

# 서비스 시스템, 만족도와 신뢰도를 높인다

    서비스 시스템은 효과적인 의료서비스를 전달하기 위한 프로세스 및 시스템으로 프로세스화되고 시스템화된 의료활동 등을 의미한다. 명지병원은 고객 중심의 프로세스를 만들기 위해 1일 환자 체험프로그램인 '역지사지' 운동을 추진하였다. 이를 통하여 환자입장에서 병원을 체험하며 고객 중심의 업무프로세스를 정착시켜 업무혁신을 위한 TFT를 구성하였고 이를 통해 여러 접점에서 개선을 이루었다. 차량번호 인식 무발권 주차관리 시스템 도입부터 원무수납 30분 연장, 퇴원예고제 실시, 통합검사 예약창구 및 입원 전담창구 개설 등 많은 부분에서의 변화를 통하여 고객 중심의 프로세스를 개선해 나갔다.

    또한 명지병원은 고객경험을 토대로 서비스 디자인 개념을 도입하여 새롭게 리디자인한 정형외과 외래 진료실 및 건강보험 검진 결과지를 비롯하여 환자의 관점에서 새롭게 디자인된 치료실 및 시스템인 암통합치유센터, 스마트 헬스케어 시스템, 뇌혈관질환 하이브리드 센터 등을 통해 새로운 경험을 전달하고 있다.

## 정형외과 외래 진료실

정형외과 외래 진료실은 고객경험을 토대로 서비스 디자인한 대표적인 사례이다. 디자인화된 진료실은 환자가 사용하는 공간과 동선 및 대기시간 등 모든 부분에 대해 충분한 리서치와 관찰 등을 실시하였다. 이를 통해 환자의 Needs를 파악하여 편리하고 적합한 의료실로 디자인되었다. 진료실의 책상은 환자가 편하게 앉고 설 수 있도록 손잡이가 달려 있으며 곡선형의 책상은 환자와 의사가 진료하는 데 적합하도록 디자인되었다. 또한 두 개의 모니터를 통해 환자가 자신의 상태를 쉽게 점검할 수 있도록 하였으며 진료를 받기 위한 침대는 환자에게 적정한 높이로 환자가 움직이지 않고도 침대 자체를 이동시킴으로써 환자의 상태를 파악할 수 있도록 설계되었다.

또한 정형외과 외래 진료실의 획기적인 서비스 디자인은 대기시간을 충분히 활용한 진료실 공간에 있다. 진료실은 두 개의 공간으로 이루어져 있으며 한 공간의 진료실에서 환자를 진료하는 동안 다른 공간의 진료실에서는 환자가 대기한다. 의사는 환자를 진료한 후 안쪽 통로를 통하여 손을 씻은 후 바로 옆 대기환자 진료실로 이동할 수 있도록 동선이 이루어져 있다. 이는 기존에 의사가 환자를 맞이하는 시스템에서 환자가 의사를 맞이하도록 서비스 디자인화된 시스템이다.

이러한 시스템으로 자연스럽게 환자 중심의 서비스가 이루어질 뿐 아니라 동선 이동 시 의사가 손을 씻을 수 있는 구조로 이루어져 있어 청결한 진료가 가능해졌다. 또한 환자가 진료실에서 대기함으로써 대기시간을 심리적으로 단축시키는 효과가 있는 것으로 확인되었다. 이는 고객의 의료서비스 수요를 최대한 반영한 동선 시스템으로 명지병원의 고객경험을 토대로 서비스를 디자인화한 서비스 디자인의 프로세스이다. 그 결과 체감시간 단축뿐 아니라 환자 중심의 서비스를 실현하고 있음을 볼 수 있다.

## 건강보험 검진 결과지

고객경험을 바탕으로 한 건강보험 검진 결과지 역시 서비스 디자인된 대표적 사례 중 하나다. 기존의 건강 결과지는 일반인이 이해하기 힘든 구조로 되어 있어 활용도가 많이 떨어졌다. 하지만 새롭게 디자인된 결과지는 고객의 입장에서 만든 것으로 읽기 편하도록 의료 전문가, 서비스 디자이너, 디자인 컨설턴트 등이 공동작업하여 한눈에 알아볼 수 있도록 디자인하는 데 중점을 뒀다고 밝혔다. 종합 소견이 가장 잘 보이도록 배치하였으며 지난 검진과의 검사 결과를 비교 도표와 함께 실어 그에 대한 구체적인 데이터를 순차적으로 배열했다. 이는 자신의 건강상태를 쉽고 빠르게 확인할 수 있는 등 실제 생활에 적용되어 활용도를 높일 수 있게끔 제작되었다. 명지병원에서 실시한 새로운 결과서의 시범사업 결과는 매우 고무적이었다. 먼저 신뢰도가 기존 12%에서 88%로 훌쩍 뛰었다. 응답자의 93%가 쉽게 이해할 수 있었다고 답했으며 생활 연계도에 대해서도 94%의 응답자가 긍정적인

답변을 내놓아 환자 중심의 대표적인 서비스 디자인 사례로 평가받고
있다.

출처 : 저자 작성

〈 정형외과 외래 진료실 〉

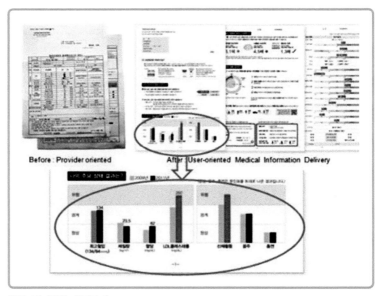

출처 : 명지병원 제공(2013)

〈 건강보험 검진 결과지 〉

## 암통합치유센터

암 치료에 새로운 패러다임을 제시한 사례로는 암통합치유센터를 들 수 있다. 암통합치유센터는 '환자제일주의'라는 명지병원의 미션을 핵심가치로 IT와 의료의 융합, 환자 중심의 스마트 헬스케어를 구현해 암의 치료를 넘어 치유와 아름다운 삶까지 책임지는 의료서비스를 실천하고 있다. 이왕준 이사장은 "이미 대형 암센터들이 즐비한 상황에서 유사한 센터를 개소해서는 미래가 없다고 생각했다"며 "세계 각국을 돌며 명지병원의 상황과 특성에 맞는 방식을 구상했다"고 메디파나뉴스 인터뷰를 통해 밝혔다. 또한 그는 항암주사실에서부터 대기실, 접수공간 하나까지 어떻게 하면 차별화시킬 수 있을지 고민하며 만들었다고 한다.

'암의 치료를 넘어 치유와 아름다운 삶까지 책임진다'는 목표로 설립된 암통합치유센터(Integrative Cancer Healing Center)는 한국인의 대표적 8대 암전문 진료센터와 4개의 특수클리닉, 통합적 다학제 진료 등을 통한 진료시스템을 갖추었다. 다수의 국내 암센터가 첨단설비 등을 갖추며 암을 치료하는 능력은 뛰어나지만 수술 이후에 이를 관리해주거나 심리적인 상담치료를 통해 환자들의 심리적 치료까지 병행하는 곳은 없다는 점에 착안하여 단순한 치료개념을 넘어 진정한 케어를 위한 '인격적인 돌봄'을 지향하는 암센터를 목표로 암통합치유센터를 설립하게 된 것이다.

'인격적인 돌봄'을 위한 프로그램 중 스마트 헬스케어 시스템부분의

PHR(Personal Health Record, 개인건강기록)은 사전에 입력된 환자의 개별정보와 사회적 정보를 토대로 최적의 맞춤형 감성 치료환경을 조성하는 시스템이다. 즉 RFID방식을 이용해 환자가 치료실에 들어가면 자신이 좋아하는 조명과 음악, 향기가 흐르며 항암 치료시간 동안 모니터를 통해 좋아하는 영화를 감상하거나 가족사진을 볼 수 있다. 특히 모든 환자에게 태블릿 PC가 지급돼 항암주사를 맞는 동안 웹서핑을 하거나 영화를 즐길 수 있으며 문진기록을 직접 작성하고 본인의 건강기록도 확인할 수 있다. 또한 자연친화적 환경의 항암주사실과 질환별 진료실 및 다학제 진료실, 재활진료실 및 교육실 등의 다양한 시설이 갖춰져 있으며 첨단장비인 PET-CT를 비롯, 선형가속 방사성 치료기 및 시뮬레이션 CT 등을 갖추고 있다.

'통합치유서비스'까지 제공하고 있는 명지병원은 치료 중 생활관리 및 완치 후 라이프스타일까지 도와주고 있다. 암 치료에서 마음의 병까지 고치겠다는 생각이다. 이를 위해 환자 및 가족들을 대상으로 한 웃음치료, 발마사지 요법, 가족 간 대화기술, 스트레스 관리, 음악치료, 미술치료, 암환자의 외모관리, 암환자의 성생활 등 다양한 주제의 교육프로그램도 개설하고 있다. 명지병원 암통합치유센터의 3대 콘셉트는 통합적 치유(Integrative cancer care), 포괄적 치료(Comprehensive patient management), 전인격적 돌봄(Holistic Healing approach)으로 모든 시스템 및 프로그램을 통해 이를 실천하고 있다.

## 뇌혈관질환 하이브리드 센터

'뇌혈관질환 하이브리드 센터'에서는 뇌혈관질환 진단과 방사선 시술, 뇌수술 등이 한곳에서 이뤄진다. 뇌질환 환자는 통상 병원에서 MRI실, 뇌혈관조영실, 신경외과 진료실, 수술실 등을 돌아다니며 검사와 치료를 받게 되며 어느 의사를 만나느냐에 따라 치료방법이 달라지기도 한다. 이에 병원은 MRI실, 뇌혈관조영실, 뇌수술실 등을 한곳에 모은 통합 진료시스템을 만들었다.

출처 : 명지병원 블로그 제공(2013)

〈 고객 중심으로 디자인된 치료실 및 시스템 〉

한곳에서 모든 것이 이루어진다는 의미에서 하이브리드 센터로 이름 지어졌다. 이런 시스템은 아시아에서는 처음이다. 이런 통합적인 진료시스템 역시 '환자제일주의'의 실천이다. 또한 하이브리드 센터 내에는 '파라다이스' 작품이 걸려 있으며 이는 환자가 누워서 치료받게 될 경우 '파라다이스' 작품을 자연스럽게 감상할 수 있도록 설계되어 있다. 이는 치료 중 환자가 심리적 안정을 취할 수 있도록 세심한 부분에까지 환자의 입장에서 배려하여 설계했음을 확인할 수 있다.

환자 중심 서비스 디자인의 대표적 사례인 정형외과 외래 진료실과 건강보험 검진서, 환자의 심리적 안정을 위한 최적의 맞춤형 감성 치료환경, 암 치료의 새로운 패러다임을 제시한 '통합치유서비스', 그리고 치료 중의 생활관리 및 완치 후 라이프스타일까지 도와주기 위한 서비스 등은 환자제일주의 미션의 실현뿐 아니라 환자경험을 중심으로 한 서비스로 타 병원과 차별화된 부분이다. 또한 환자경험을 토대로 한 서비스 시스템은 환자 중심의 시스템 실현뿐 아니라 더욱더 만족스런 의료서비스와 함께 의료서비스의 질을 더욱 높여주고 있다. 이러한 서비스 시스템을 통한 경험은 환자에게 시각 및 청각의 감각적 경험과 감성 치료환경의 감성적 경험, 그리고 최첨단 시스템의 인지적 경험 및 라이프스타일을 도와주는 서비스를 통한 행동적 경험을 통해 만족감 및 신뢰도를 향상시키게 된다.

# 공간적 환경,
힐링과 치유로 애착관계를 만들다

공간적 환경은 환자를 위한 치료공간 및 편의시설로서 뉴스에서도 소개된 바 있는 건강검진센터인 숲마루와 함께 소아응급센터, 정신병원 해마루 등은 지금까지 병원에서는 경험하지 못한 색다른 경험을 제공하고 있다.

### 숲마루

'병원이 숲을 품다' 이는 명지병원의 건강검진센터를 두고 각 언론에서 헤드라인으로 소개했던 문구이다. 위 문구처럼 그린 & 에코 의료서비스 디자인의 대표적인 사례로 손꼽히는 명지병원의 건강검진센터는 정신적·신체적 안정과 치유를 돕는 '숲을 품은 치유의 공간'으로 평가받고 있으며, 660㎡(200평) 규모의 공간에 폭포와 시내가 흐르는

숲속에서 삼림욕을 하며 건강검진을 받을 수 있도록 조성되어 있다.

보험검진센터는 국민건강보험공단에서 40세 이상의 모든 국민에게 제공하는 일반검진과 암검진 등 이른바 무료검진을 받는 곳으로 이왕준 이사장은 종합검진센터가 아닌 일반검진센터에 혁신적 디자인과 함께 막대한 투자를 하였다. 그 이유는 지역주민들이 찾아오는 건강보험공단검진센터를 명지병원의 대표적인 명소로 꾸며, 환자들에게 최고의 병원이라는 색다른 경험을 제공하겠다는 생각에서 비롯된 것이라고 밝혔다.

명지병원 5층에 위치한 건강검진센터인 '숲마루'는 수많은 나무와 돌, 식물로 이뤄져 진짜 숲을 이루고 있다. 그래서 이름도 '숲마루'로 지었다. 숲마루에는 피톤치드가 풍부해 면역력과 심폐기능을 향상시켜 준다는 편백나무 31주를 비롯해 제주나 울릉도에서만 자라는 후박나무, 메타세콰이어, 낙우송, 금목서, 배롱나무 등 모두 200여 종 100여 주의 치유목을 심었다. 또한 유리 천장에서 내리쬐는 자연채광은 뼈 건강에 도움을 주는 비타민 D 생성을 촉진하며 낮 동안 불필요한 조명 사용을 막아 에너지 절약에도 한몫을 하고 있다. 명지병원은 숲마루를 몸도 마음도 건강해질 수 있는 친환경 공간 디자인에 초점을 맞췄다고 밝히며 미래에는 환자를 위한 친환경 인테리어가 병원마케팅의 핵심 키워드가 될 것이라고 했다.

### 해마루

명지병원의 '숲마루'와 함께 정신과 병동인 '해마루' 역시 환자를 위한 차별화된 공간을 제공하고 있다. 호텔 로비처럼 넓고 고급스러운 획기적인 인테리어를 도입한 국내 최고 수준의 정신과 병동이라 할 수 있는 '해마루'는 밝고 따스한 햇살이 비치는 언덕이라는 뜻이다. 실제로 해마루는 다량의 햇살이 투과되는 시원한 전망의 통창과 이 창을 통해 한눈에 조망할 수 있는 그린 정원이 배치되어 있다.

해마루의 병동 중앙에는 230㎡(약 70평) 규모의 호텔 로비처럼 넓고 고급스러운 홀이 위치해 있으며 이곳에 소파 등을 배치해 기존의 정신과 병동이 갖고 있던 폐쇄된 공간에 감금되는 환자의 불안감을 최소화했다. 또한 카페 같은 휴게실, 탁 트인 헬스공간, 집단 치료실과 재활치료실, 안정실, 면담실, 처치실 등의 다양한 공간에 보이지 않는 첨단시스템을 기반으로 한 안전시설을 갖추었으며 자연친화적 인테리어와 쾌적한 환기 시스템 등을 통해 정신적인 안정에도 도움을 받을 수 있도록 설계되어 있다.

특히 국내 병원에서는 대부분 고층에 위치한 정신과 병동을 건물 2층에 위치시켜 고층에서 느끼는 불안감이나 투신에 대한 충동을 억제하려는 심리적 효과까지 있으며 이는 정서적 안정을 통한 치료에도 도움을 주고 있다. 지금까지 정신과 병동이 외진 곳에 위치해 환자들이 상대적으로 소외된 느낌을 갖기도 했지만 해마루는 기존의 정신과 병동이 갖고 있던 칙칙한 이미지에서 벗어나 환자는 물론 그 가족들에게까지 차별화된 경험을 제공함으로써 정신과 병동 및 치료에 새로운 개념을 제시하게 되었다고 병원 측은 설명했다.

명지병원의 숲마루, 해마루와 함께 공간을 통한 색다른 경험을 제공하는 곳이 있다. 바로 소아응급센터다. 이곳은 2011년도 차세대 응급실모델 개발사업의 일환으로 추진되었으며 참여한 4개 병원 중 가장 먼저 오픈된 곳이다. 소아응급센터는 성인진료실과 분리된 공간으로 소아전문의 24시간 진료와 함께 예진실, 소생실, 외상환자 처치실, 관찰병상, 수유실 등의 전용시설을 갖추고 있으며 소아용 인공호흡기, DR 엑스레이(X-ray), 제세동기, 초음파, 환자감시장치 등 소아응급장비가 구비되어 있다.

## 소아응급센터

명지병원의 소아응급센터는 어린이에게 친숙한 내부 장식으로 잘 알려져 있다. 입구는 물론 진료실과 침대 처치실까지 모두 어린이들이 좋아하는 인테리어와 소품으로 꾸며놓아 응급실이 아닌 놀이동산에 온 듯한 느낌을 주고 있다. 소아응급센터 입구인 노란 대문을 들어서면 푸른 나무와 오색 풍선을 볼 수 있으며 치료실로 들어서면 창문이 달린 침대와 함께 꿀벌과 나비가 날아다니는 듯한 실내장식으로 꾸며놓아 어린아이들의 시선을 끌기에 충분하다. 또한 눈길 가는 곳마다 원숭이가 있으며 아이들이 좋아하는 동요가 잔잔히 흘러 어린 환자들이 병원에 대한 무서움보다는 친근감을 갖도록 장식되어 있다. 이렇듯 명지병원은 소아응급센터를 친환경적으로 조성함으로써 응급실에 대한 어린이의 불안감을 해소해줄 뿐 아니라, 성인과 소아의 진료공간을 분리하여 감염 예방효과까지 더해주고 있다.

명지병원의 공간적 환경은 다른 병원에서 경험하지 못한 치료공간 및 편의시설로 이루어져 있다. 환자들에게 최고의 병원 경험을 제공하겠다는 생각에서 비롯된 숲마루는 현재 지역주민들이 찾아오는 명지병원의 대표적인 명소가 되었으며, 기존의 정신과 병동의 칙칙한 이미지에서 벗어나 2층에 위치한 밝고 쾌적한 환경의 해마루 역시 심리적 치료효과까지 주고 있어 정신과 병동에 새로운 개념을 제시하였다고 할 수 있다. 또한 2011년 차세대 응급실모델개발사업의 일환으로 추진된 소아전용 응급실 역시 어린이를 위한 친환경적 공간을 조성함으로써 어린이의 불안감 해소와 함께 감염예방의 효과까지 더해주고 있다.

이렇듯 명지병원의 공간적 환경은 환자 중심의 서비스를 실현하는 체험제공 수단일 뿐 아니라 환자에게는 심리적인 치료효과까지 줌으로써 의료서비스의 질을 높이고 있다. 이는 환자의 감각 및 감성의 경험을 증가시킴으로써 명지병원에 대한 긍정적 이미지 상승과 함께 애착을 더욱 높이고 있다.

| 숲마루 | 소아응급센터 | 정신병원 해마루 |

출처 : 명지병원 블로그 제공(2013)

〈 서비스 디자인된 공간적 환경 〉

# ❗ 인적 요소, 서비스를 혁신하다

인적 요소에는 내부 구성원과 그들을 통한 인적 서비스가 해당된다. 명지병원에는 약 220여 명의 의사, 500여 명의 간호사 등을 포함한 1,000여 명의 직원이 근무하고 있다. 이들은 각각의 접점에서 '환자제일주의'에 입각한 고객응대를 위하여 분기에 1회 이상 교육을 받게 되며 여러 프로그램을 통해서 병원의 변화와 혁신을 위한 고객경험활동에 동참하고 있다.

특히 '장미특공대'를 통하여 본격적인 서비스응대의 실천이 이루어지고 있다. '장미특공대'는 병원의 변화와 혁신에 따라 직원들이 함께 변화하는 체험프로그램으로 이를 통해 병원과 소통하며 공감하여 동참할 수 있도록 구성되어 있다. 장미특공대는 호텔에서 이미 시행되었던 조직을 벤치마킹하여 도입된 조직으로 서비스 혁신을 주도하는 리더를 양성하는 프로그램이다. 현재 1기 32명으로 시작하여 현재는 3기수가 양성 중이며 5기수까지의 양성을 목표로 하고 있다. 5기수가 양성되면 장미특공대는 160명으로 구성되어 의사를 제외한 직원의 20%가 장미특공대를 통한 리더로 육성된다. 이 20%가 나머지 40%를 변화시키게 되는 프로그램이다. 현재도 진행 중으로 이들의 활동과 역할이 두드러진다고 병원 측은 설명했다.

명지병원에 변화와 혁신의 바람을 일으킨 사람은 2009년에 취임한 이왕준 이사장이다. '병원경영의 마술사' '병든 병원을 고치는 의사' '병원계의 미다스의 손' 등 수없는 수식어를 몰고 다니는 명지병원 이왕준 이사장은 28세에 의료신문 '청년의사' 발행인, 34세에 국내최연소 병원장, 45세에 최연소 대학병원 의료원장의 이력을 가지고있다. 하지만 이러한 수식어나 직함과는 달리 그 과정은 탄탄대로의 길이 아니었다. 그는 서울대 출신 외과전문의 출신으로 학생운동을 하다 옥살이까지 했으며, IMF 때 실업자 신세로 수개월간 '전문의 백수' 생활을 하기도 했다. 하지만 IMF로 실업자 신세가 된 후 뜻밖의 기회를 갖게 된다. 망한 병원을 맡아서 해볼 생각이 없느냐는 제안을 받고 병원경영의 경험이 없었던 그는 병원경영에 뛰어들게 된다.

그 이후 이왕준 이사장은 부실한 병원경영을 정상화하기 위해 응급실에서 100일간 야간당직을 섰다. 그리고 80만 원의 월급을 선언하며 부실병원을 정상화시키기 위한 활동을 시작한다. 우수한 의료진의 영입과 첨단의료장비에 대한 과감한 투자, 그리고 노조와의 원만한 갈등 해결 등을 통해 인천사랑병원은 10년 사이 매출이 60억 원에서 260억

원으로 증가했고 적자에서 흑자로 전환됐다. 130여 병상이던 병원은 2011년 기준 400병상으로 연매출 450억 원대의 번듯한 종합병원으로 성장하게 되었다.

이왕준 이사장은 또다시 2009년 경영난을 겪던 명지병원을 인수하면서 최연소 대학병원 이사장으로서 모험을 시작하게 된다. 병원 인수 후 '환자제일주의'를 외치며 매일 아침 7시 회의와 의료진 면담을 통해 문제점을 즉시 개선, 시행하기 시작했다. 병원은 살아나기 시작했으며 인수 전인 2008년에 721억 원이던 매출이 2010년에는 876억 원으로 2년 사이에 22% 성장하기 시작했다. 그는 수익금을 재투자하는 방식으로 계속해서 병원 성장을 위한 활동을 멈추지 않고 있으며, 현재도 계속적인 노력이 이루어지고 있다.

그 외에 '버터플라이 프로젝트'를 실시하여 의료진의 외형적인 부분을 통해 고객에게 색다른 경험을 전달하고 있다. 전체 교수직을 비롯한 전공의, 간호사, 의료기능직, 행정직 등 전 직종에 걸쳐 새로운 '드레스 코드(dress cord)'를 정하여 '감염 예방과 환자 존중'을 보여주고 있는 것이다. 특히 의료진의 새로운 드레스 코드는 나비넥타이(보타이)와 기존보다 40cm 이상 길이가 짧아진 양복형태의 심플한 재킷 가운이다. 기존 의료진들의 복장은 가운의 긴 자락과 긴 넥타이로 구성되어 있었다. 이는 전문성과 격식을 표현해주지만 감염의 위험에 노출되어 있었다. 이를 개선함과 더불어 환자를 먼저 생각하며 존중하는 의미를 표현하기 위해 명지병원은 나비넥타이와 짧은 재킷을 선택했다. 또한 보타이는 환자에 대한 정중함과 친근감을 동시에 전달할 수 있는 외형적인 장점까지 지니고 있어 '환자제일주의'를 가장 잘 나타내주는 '상징'이라고 밝혔다.

명지병원의 인적 요소는 고객경험관리를 가능하게 한 가장 중요한 체험제공수단이라 할 수 있다. CEO의 강력한 의지와 함께 병원의 변화와 혁신에 따라 혁신을 주도 하는 리더 양성의 장미특공대와 같은 인적 요소는 환자에게 차별화된 서비스를 가능하게 할 뿐 아니라 지속적인 변화와 혁신을 이끄는 근원이 되고 있다. 또한 이러한 인적 요소를 통하여 이루어진 서비스는 환자들에게 인적 서비스의 감성적 경험, 인지와 관계적 경험을 통해 가슴속 깊이 만족된 체험으로 남게 될 것이다. 또한 이는 명지병원에 대한 긍정적 이미지로 기억될 것이다.

출처 : 명지병원 블로그 제공(2013)

〈 버터플라이 프로젝트(의료진의 드레스 코드) 〉

# 고객경험마케팅과 경영성과

명지병원은 2009년 혁신과 변화를 내세우며 환자경험 중심의 의료서비스에 대한 개선이 시작되었다. 그 이후 의료서비스 디자인을 접목하여 혁신적인 경험을 창출하고 있으며 고객들에게 긍정적인 반응을 얻고 있다.

본 장에서는 명지병원의 고객만족 서비스 활동을 체험제공수단인 전술적 도구(ExPros: Experience Providers)로 분석하였다. Schmitt가 제시한 7가지 요소인 커뮤니케이션 수단, 아이덴티티 요소들, 제품의 외형, 공동브랜드, 공간적 환경, 전자매체 그리고 인적 요소들을 의료서비스 산업에 적합하도록 수정·보완하여 커뮤니케이션, 서비스 시스템, 공간적 환경, 인적 요소 등의 4가지로 구분하여 분석하였다. 그 결과 명지병원은 각각의 체험제공수단을 통해 접점에서 더 나은 고객경험을 창출하고 있었다. 아래의 표는 각 체험제공수단에 따른 시사점과 함께 각 체험제공수단에서 제공하는 체험모듈을 도출하여 정리한 것이다.

〈 각 체험제공수단을 통한 시사점 〉

| 구분 | 활동 | 시사점 | 전략적 체험모듈 |
|---|---|---|---|
| 커뮤니케<br>이션수단 | · 암행어사제<br>· 환자공감센터<br>· 독서경영<br>· 환자안전주간 행사<br>· 예술치유 페스티벌<br>· 로비음악회<br>· 미션데이 비전워크<br>· 홈페이지 및 공식블로그<br>· 170여 개의 기관과 협력 | · 주인의식 고취<br>· 단합과 화합의 조직문화 구축<br>· 변화와 혁신을 통한 서비스 질 향상<br>· 소통과 치유의 커뮤니티 역할<br>· 지역사회와의 커뮤니티 역할<br>· 브랜드 이미지 향상<br>· '환자제일주의' 미션 실현 | 감각<br>감성<br>인지<br>행동<br>관계 |
| 서비스<br>시스템 | 홈페이지 및<br>공식 블로그 운영 | · 환자 경험중심의 시스템과 프로세스 개선 및 실현 (대기시간 단축 등)<br>· 의료 서비스질 향상<br>· 만족도 및 신뢰도 향상 | 감각<br>감성<br>인지<br>행동 |
| 공간적<br>환경 | 환자안전주간<br>미션데이 비전워크<br>예술치유 페스티벌 | · 환자의 편의 제공<br>· 심리적 치료효과 증대<br>· 환자중심 서비스 실현 | 감각<br>감성 |
| 인적 요소 | 협력병원 운영 | · 의료서비스의 질 향상<br>· 환자제일주의 실천<br>· 조직변화 및 서비스의 혁신 주도 | 감성<br>인지<br>관계 |

출처 : 저자 작성

병원 측은 각 요소에 따른 정량적인 고객만족도 조사는 실시하고 있지 않지만 정성적인 평가를 통하여 받은 고객의 의견 중 서비스시스템에 해당하는 정형외과 외래 진료실의 리디자인 부분에서 고객의 만족도가 가장 높게 나타난 것으로 조사되었다고 밝혔다. 또한 서비스 디자인을 반영하여 고객경험을 토대로 한 혁신적인 개선활동 이후 고객 수와 경영성과에서 뚜렷한 변화가 있었음을 확인할 수 있었다고 밝혔다.

외래환자 수는 2008년 384,192명에서 2009년 448,809명으로 급격히 늘어났으며 2011년 576,548명에 이어 2012년 663,417명으로 증가하였다. 외래 환자뿐 아니라 입원환자 수도 2010년 163,299명에서 2012년 232,249명으로 증가하였음을 알 수 있다. 이러한 고객 수의 증가는 고객들이 병원을 방문한 후 의료서비스에 대한 만족으로 이어져 계속적인 재방문으로 연결된 결과라고 할 수 있다. 수익부분에서도 역시 2008년 이후 2010년까지 계속적인 경영성과의 성장을 이룬 것으로 밝혀졌다.

이는 2012년 많은 병원들의 적자경영 결과와 상반된 결과로 주목할 부분이라 할 수 있다. 한국병원경영연구원이 지난해 분기별 의료기관 수익, 비용, 진료실적 현황을 표본조사(43개)한 결과, 2분기까지만 해도 1.4% 정도의 수익을 올렸던 것이 3분기 −1.1%, 4분기 −4.0%로, 조사대상 의료기관의 경영지수가 하반기에 감소추세를 나타냈다. 또한 대한병원협회가 상급 종합병원 54곳, 병원 7곳 등 모두 80곳의 지난해 수지현황을 조사한 결과 의료수입은 2011년에 비해 5.2% 증가한 반면 의료비용은 인건비, 전기, 가스, 기타 연료, 물가인상 등으로 6.4% 늘어났다. 이에 따라 많은 병원들이 2011년 760억 원의 흑자에서 지난해 2012년은 203억 원의 적자를 기록하며 적자경영을 면치 못했다. 하지만 타 병원과는 달리 명지병원은 2008년 이후 2012년까지 흑자경영으로 계속적인 성장을 하고 있다.

명지병원의 2012년 흑자경영은 2009년부터 계속적으로 실시해온 고객경험 중심의 혁신과 변화를 통한 개선이 고객만족으로 이어지면서 수익에 영향을 주게 되고 경영에도 긍정적인 영향을 미치는 결과로 이루어졌음을 짐작할 수 있다. 이는 곧 고객경험을 위한 혁신 및 변화가 고객에게 만족을 주며 경영에도 긍정적 영향을 미치게 됨으로써 고객만족경영에 성공하고 있음을 말해주고 있다.

## 저자소개

이 지 연  ezservice@hanmail.net

서울과학종합대학원대학교 경영학/서비스경영 박사
숙명여자대학교 Hospitality MBA

現) 대림대학교 방송음향영상학부/직업교육혁신센터
  KAC 코치

前) 신안산대학교 국제비서과 조교수
  이지서비스 컨설팅 대표
  LIG손해보험 인재니움/고객만족팀 과장
  수협은행 CS 컨설턴트 차장
  현대백화점 서비스아카데미 선임강사
  국민은행 CS 전문강사

〈주요저서 및 논문〉
『뷰카시대, 당신이 꼭 알아야 할 커뮤니케이션 기술』
『의사소통 액션북』
고객경험마케팅을 통한 고객만족경영에 관한 연구-의료기관을 중심으로-(박사논문)
명지병원의 고객만족경영 사례연구
삼성서울병원의 고객만족경영 사례연구

# 서비스, 고객경험을 디자인하라

2017년 7월 20일 초판 1쇄 발행
2022년 2월 25일 초판 3쇄 발행

**지은이** 이지연
**펴낸이** 진욱상
**펴낸곳** 백산출판사
**교 정** 편집부
**본문디자인** 편집부
**표지디자인** 오정은

**등 록** 1974년 1월 9일 제406-1974-000001호
**주 소** 경기도 파주시 회동길 370(백산빌딩 3층)
**전 화** 02-914-1621(代)
**팩 스** 031-955-9911
**이메일** edit@ibaeksan.kr
**홈페이지** www.ibaeksan.kr

ISBN 979-11-5763-383-8   03190
**값 16,000원**